Diálogo ciceroniano

FUNDAÇÃO EDITORA DA UNESP

Presidente do Conselho Curador
Mário Sérgio Vasconcelos

Diretor-Presidente
José Castilho Marques Neto

Editor-Executivo
Jézio Hernani Bomfim Gutierre

Assessor Editorial
João Luís Ceccantini

Conselho Editorial Acadêmico
Alberto Tsuyoshi Ikeda
Áureo Busetto
Célia Aparecida Ferreira Tolentino
Eda Maria Góes
Elisabete Maniglia
Elisabeth Criscuolo Urbinati
Ildeberto Muniz de Almeida
Maria de Lourdes Ortiz Gandini Baldan
Nilson Ghirardello
Vicente Pleitez

Editores-Assistentes
Anderson Nobara
Jorge Pereira Filho
Leandro Rodrigues

ERASMO DE ROTERDÃ

Diálogo ciceroniano

Tradução e prefácio
Elaine C. Sartorelli

editora **unesp**

© 2013 da tradução brasileira
Título original: *Dialogus Ciceronianus*
Direitos de publicação reservados à:
Fundação Editora da Unesp (FEU)
Praça da Sé, 108
01001-900 – São Paulo – SP
Tel.: (0x11) 3242-7171
Fax: (0x11) 3242-7172
www.editoraunesp.com.br
www.livrariaunesp.com.br
feu@editora.unesp.br

CIP-BRASIL. Catalogação na fonte
Sindicato Nacional dos Editores de Livros, RJ

R753d

Roterdã, Erasmo de
    Diálogo ciceroniano / Erasmo de Roterdã; tradução Elaine Cristine Sartorelli. – São Paulo: Editora Unesp, 2013.

    Tradução de: *Dialogus Ciceronianus*
    ISBN 978-85-393-0400-4

    1. Roterdã, Erasmo de – Crítica e interpretação. 2. Filosofia moderna. 3. Humanismo I. Título.

13-1360.
    CDD: 190
    CDU: 1

043195

Editora afiliada:

Asociación de Editoriales Universitarias de América Latina y el Caribe

Associação Brasileira de Editoras Universitárias

Sumário

Erasmo e a controvérsia ciceroniana   VII

Diálogo cujo *título* é *O ciceroniano, ou acerca do melhor gênero de discurso*   1

Erasmo e a controvérsia ciceroniana

Dentre as inúmeras polêmicas em que se envolveram os humanistas e pensadores do início da Idade Moderna, uma das que mais apresentaram desdobramentos foi aquela conhecida como "controvérsia ciceroniana". Naquele momento, em que textos antigos estavam sendo recuperados e editados, e autores da Antiguidade clássica voltavam a ser lidos e entusiasticamente debatidos, tal disputa opôs, por um longo período, partidários de interpretações diferentes da prática da *imitatio*, transformando-a em objeto não apenas de dissensão, mas mesmo de divisão em facções, com ataques e contra-ataques amplamente divulgados e que constituem uma verdadeira "teoria literária" do século XVI.

Kristeller (1990, p.4-5) enfatiza o papel desempenhado pelos humanistas no resgate de antigos manuscritos, não só porque tal resgate ampliou os limites da literatura greco-latina praticamente até suas fronteiras atuais, mas também porque os autores clássicos tornaram-se a biblioteca média de qualquer homem culto nos séculos XV e XVI. Além disso, ao manejar tão constantemente textos em latim, os humanistas adquiriram e desenvolveram uma sensibilidade muito aguçada com respeito à *latinitas*, especialmente quanto ao uso correto da língua. E, finalmente, os humanistas que hoje lemos e estudamos, e aos quais devemos nosso cânone clássico, escreviam após haver aderido a um dos lados do debate ciceroniano. Se Pico divulgava Platão em latim, ele o fazia enquanto disputava sobre Cícero, e esse era o pano de fundo do final do século XV e do começo do XVI. Influências que hoje reconheceríamos como aristotélicas ou platônicas podiam ser, naquele momento, ciceronianas, ou seja, recebidas por meio de Cícero, filtradas por ele, ou, direta ou indiretamente, contaminadas pela esmagadora presença do orador romano.

Entretanto, alguns humanistas italianos das primeiras décadas do século XVI, levados por sua excessiva admiração ou mesmo por sua devoção cega a Cícero, escolheram a este como o único modelo possível e tentaram copiar como um decalque, como se isso fosse possível, as sentenças ciceronianas, tal como elas haviam sido escritas, como para carimbá-las em seu próprio discurso. Nas primeiras décadas do século XVI, Roma encontrava-se dominada pelos gramáticos puristas, que acabariam por formar uma sociedade de *literati*, fundada com o propósito de que seus membros fizessem o voto de jamais usar qualquer palavra que não pudesse ser encontrada em Cícero. Para isso, conta-se (Scott, 1910, p.22) que seu líder, Pietro Bembo, cujas cartas em estilo ciceroniano se tornaram modelo, carregava "quarenta portfólios" com citações extraídas de Cícero, e apenas de Cícero. Em sua *História de Veneza*, os conselheiros municipais eram chamados *patres conscripti* (a maneira como Cícero se dirigia ao Senado em seus discursos) e, os cardeais, *senatores*.

Até mesmo os papas eram ciceronianos. Em presença de Leão X, por exemplo, e mesmo durante a missa, faziam-se discursos grandiloquentes à maneira do fórum romano, sem que se pronunciasse o nome de Jesus ou se fizesse qualquer menção a temas cristãos...

Contra esses entusiasmados ciceronianos, levantou-se a polêmica em que Erasmo se envolveu diretamente em 1528, com a publicação de seu *Diálogo ciceroniano*.

Reduzindo a questão ao mínimo, tratava-se de uma disputa que opunha dois tipos de ciceronianos: os estritos, por assim dizer, e os ecléticos, também por força de expressão. Os primeiros, conhecidos ainda como "ciceronianos simples", pregavam a prática da imitação, que podia chegar a ser *ipsis litteris* de um modelo único, Cícero, e que chegou ao extremo de vetar o emprego de quaisquer vocábulos ou construções sintáticas que não sejam encontrados em Cícero. Não eram permitidas sequer as palavras surgidas após a morte de Cícero, o que certamente lhes impunha inúmeras limitações, a começar pelo fato de que todo léxico cristão encontrava-se, portanto, sob interdição, assim como os nomes das peças de roupa e das comidas, os cargos públicos etc.

De outro lado, estavam os chamados "ciceronianos ecléticos", partidários da imitação composta, para os quais a ideia de *imitatio* abarcava o estudo de vários modelos, que deveriam ser assimilados e reelaborados segundo a conveniência e o decoro exigidos pelo tema e pela plateia. Para estes, Cícero não deixava de ocupar o lugar privilegiado de melhor modelo, mas certamente não era o único. Por isso, voltavam-se para outros autores do cânone clássico e entendiam a imitação como a possibilidade de somar as virtudes dos melhores escritores, prevendo até mesmo a perspectiva de superá-los. Para tais escritores, a metáfora recorrente é a da abelha, que recolhe o pólen de diversas flores para, a partir desse material variado, produzir o mel, ou seja, um produto melhor do que cada um dos ingredientes a partir dos quais foi formado. Este símile, extraído de Sêneca (*Epístola* 84.3-10), torna-se o *locus communis* do imitador composto no Renascimento.

A questão surge já em Petrarca, um dos "descobridores" de Cícero (ele resgatou textos do orador romano que haviam permanecido desconhecidos ao longo da Idade Média), que escreveu em sua obra *De ignorantia* um fervoroso elogio de Cícero. Ele, no entanto, já compara o trabalho do imitador com a tarefa da abelha, e lança mão também de outra comparação, que virá a tornar-se igualmente recorrente, segundo a qual uma obra deve se parecer com seu modelo como um filho se parece com um pai, mas não como um retrato se parece com o retratado. A ele agrada a semelhança (*similitudo*), não a cópia idêntica (*identitas*), e mesmo aquela não deve ser excessiva (*non nimia*), uma vez que o que deve aparecer é "a luz do talento brilhante do seguidor, não sua cegueira ou pobreza" (*sequacis lux ingenii emineat, non cecitas aut paupertas*). Além disso, o modelo não deve ser motivo de restrição ou aprisionamento. "Não quero um guia que me domine, mas que me abra o caminho" (*nolo ducem qui me uinciat sed precedat*), diz; "olhos, julgamento e liberdade" (*oculi, iudicium, libertas*) são tão necessários quanto um guia.

Em meados do século XV, deu-se um bate-boca público entre o famoso Lorenzo Valla (1407-1457) e Poggio Bracciolini (1380-1459), este um ciceroniano estrito, enquanto aquele se dividia entre Cícero e Quintiliano. Ambos trocaram acusações e mesmo insultos, que culminaram com a afirmação de Valla de que seu adversário escrevia tão mal que não fazia senão ocultar sua mediocridade por detrás da imitação servil de Cícero.

Mas o tema se transformou realmente em polêmica com o curto debate epistolar entre o grande humanista Angelo Poliziano (1454-1494) e seu discípulo Paolo Cortesi (1465-1510), naquela que foi chamada a primeira batalha do ciceronianismo (Mañas Nuñez, 2009, p.23). Tudo começou com um presente que Cortesi enviou ao mestre, como algo valiosíssimo: um pacote de cartas escritas por diversos autores, nas quais, julgava, encontrava-se o mais admirável estilo ciceroniano. Com esse presente em mãos, Poliziano redigiu uma curta – mas dura – crítica aos "ciceronianos". Nela (segundo Joann Dellaneva (2007, p.vii), "uma carta curta e um tanto indelicada" (*a short and rather ungracious letter*), Poliziano afirma que não se comprazer senão em Cícero é "superstição" (*superstitio*) e que aqueles que o fazem "parecem ser semelhantes ao papagaio ou à gralha, proferindo coisas que não entendem" (*similes esse uel psitaco uel picae uidentur, proferentibus quae nec intelligunt*). Dizendo-se envergonhado por ter perdido seu tempo com tal leitura (*epistolas in quibus legendis pudet bonas horas male collocasse*), Poliziano afirma ainda que aqueles escritos "carecem de forças e de vida; carecem de atitude, carecem de emoção, carecem de caráter; caem, dormem, roncam" (*carent uiribus et uita; carent actu, carent affectu, carent indole; iacent, dormiunt, stertunt*). Ali, diz, não há "nada verdadeiro, nada sólido, nada eficaz" (*nihil ibi uerum, nihil solidum, nihil efficax*). Quanto aos "traços" ou "feições" de Cícero, tão caros aos seus imitadores, Poliziano se limita a dizer que "a face de um touro ou a de um leão" lhe parecem "de longe mais respeitáveis do que a do macaco, a qual, no entanto, é a mais semelhante à do homem" (*mihi uero longe honestior tauri facies aut item leonis quam simiae uidetur, quae tamen homini similior est*)...

A resposta de Cortesi foi uma longa defesa da imitação unicamente de Cícero, ao qual, diz, quer ser semelhante "não como um macaco a um homem, mas como um filho ao pai" (*similem volo non ut simiam hominis, sed ut filium parentis*), pois o macaco "arremeda apenas as deformidades e falhas do corpo, numa semelhança depravada" (*tantum deformitates et vitia corporis depravata similitudine effingit*), ao passo que o filho "reproduz a aparência, o andar, a postura, o movimento, a forma, a voz e finalmente a forma do corpo do pai, mas ainda tem algo de próprio nessa semelhança, algo natural, algo diferente" (*hic autem vultum, incessum, statum, motum, formam, vocem denique et figuram corporis representat, et tamen habet in hac similitudine aliquid suum, aliquid naturale, aliquid diversum*). Mas, seja como for, afirma que prefere ser "assecla ou macaco de Cícero do que aluno ou filho de outros" (*ego malo esse assecula et simia Ciceronis quam alumnus aut filius aliorum*).

Quanto à imitação composta, esta tem, a seu ver, "um não sei quê de monstruoso" (*nescio quid monstruosum*), da mesma forma que ingerir "vários tipos de comida juntos dá má digestão" (*varia ciborum genera male concoquantur*).

Pico della Mirandola (1464-1533) e Pietro Bembo (1470-1547) foram os generais da segunda batalha do ciceronianismo. O eclético Pico introduziu o platonismo nesta contenda, ao afirmar que a Ideia da beleza não se encontra em ninguém em particular e, portanto, deve ser buscada em todos os bons escritores. "Eu digo", afirma, "que se deveria imitar todos os bons escritores, não qualquer um em particular, e mais, não se deveria imitar um escritor em tudo" (*imitandum inquam bonos omnes, non unum aliquem nec omnibus etiam in rebus*). Pico defende ainda que o imitador deve procurar superar seus modelos, o que, para ele, só pode ocorrer na *inventio* – afirmação que já contém em si uma crítica aos tecnicismos mecânicos dos ciceronianos.

Bembo responde com uma defesa da *dispositio* e da *elocutio*, e admite que sua concepção de "imitativo" se restringe à *elocutio*, defendendo-a, porém, como a soma daquelas virtudes retóricas que o imitador deve procurar aprender em seu modelo.

Embora o ciceronianismo, tal como aparece na caricatura de Erasmo, tenha sido um fenômeno prioritariamente italiano, uma parte considerável do *Ciceronianus* se ocupa de Christophe de Longueil (1488-1522), um nativo de Brabante que havia feito sua educação retórica na França, e que havia posteriormente aderido ao círculo de Pietro Bembo, a ponto de ter sido levado a abandonar até mesmo o grego e a concentrar-se inteiramente em Cícero. Se Longueil, um cisalpino, chegou a ser considerado pelos italianos aquele que mais se aproximara do ideal ciceroniano, Erasmo, para esses ciceronianos, não apenas não era um purista na lida com o latim, mas era um *barbarus* (acusação que lhe foi feita, num trocadilho com *batauus*). Profundamente ofendido (e Erasmo continuará mencionando essa ofensa várias vezes no decorrer dos anos), e a fim de criticar seus detratores italianos, Erasmo redige então o tratado satírico *Dialogus ciceronianus*, ou *De optimo genere dicendi*, de 1528.[1]

---

[1] Uma terceira batalha do ciceronianismo ocorreu cerca de vinte anos depois, na correspondência trocada em 1532 entre Giambattista

Há três personagens: o tragicômico Nosópono (o ciceroniano do título, cujo nome foi forjado do grego, significando "aquele que sofre de uma enfermidade", ou, como vi numa tradução inglesa, Mr. Workmad, que seria talvez algo como *workaholic*), seu interlocutor Buléforo ("aquele que leva o conselho", o conselheiro, nome tirado de Homero), porta-voz de Erasmo; e Hipólogo (o *back-up*, que aceita fazer o papel de "escada", como Davus na peça de Terêncio).

Uma divisão conhecida do diálogo prevê as seguintes partes:

1. Como Nosópono se tornou ciceroniano;
2. A questão do modelo ciceroniano;
3. Doutrina da *imitatio*;
4. Ciceronianismo *versus* cristianismo;
5. A quem serviria ser ciceroniano hoje em dia;
6. Da utilização sadia de Cícero.

Chomarat (1981, p.818-9), em seu importantíssimo e gigantesco *Grammaire et rhétorique chez Erasme*, de mais de 1.200 páginas, propõe outra (embora equivalente) subdivisão:

1. Os métodos do ciceroniano;
2. As escolhas dos modelos de estilo segundo Erasmo;
3. A *imitatio* e o princípio do *decorum*;
4. A adaptação ao objeto tratado;
5. A adaptação à época: o cristianismo;

Giraldi Cinzio (1504-1573) e Celio Calcagnini (1479-1541). Esta, entretanto, é posterior ao *Ciceronianus* de Erasmo e não será, portanto, objeto do presente estudo.

6. Adaptação à pessoa ou ao *genius* do orador; e
7. Quem é ciceroniano?

A primeira parte trata de como Nosópono se tornou ciceroniano e dos métodos do ciceroniano. Começando pelo começo: Nosópono, que havia sido outrora o mais charmoso (*lepidissimus*) de todos, o mais coradinho (*rubicundulus*) e gordinho (*obesulus*), cheio de graças (*ueneribus et gratis undique scatens*), e que agora mais parece um fantasma (*larua*) do que um homem. Isso por causa de sua doença. E qual é essa terrível enfermidade? É a pior de todas, pior do que a raiva, a pneumonia, a febre. Ele não é tísico, tuberculoso ou sifilítico. Ele apenas é... ciceroniano!

O próprio Nosópono descreve sua doença com o vocabulário com que os antigos romanos falavam da paixão amorosa: diz que está doente por causa do amor de uma ninfa, a Eloquência, e que esse desejo o consome de tal forma que, se não puder possuí-la, sua vida tornar-se-á intolerável. Por sete anos, ele tem sido incapaz de tocar qualquer outro livro, com o mesmo escrúpulo e rigor com que certas ordens religiosas se abstinham da carne. Além de não sonhar senão com Cícero, em seu calendário, Cícero, um "homem divino", está entre os apóstolos. Ademais, a fim de ser digno de se tornar um ciceroniano, Nosópono permanece indiferente a todas as paixões mundanas, exatamente como um asceta.

Nosópono estabeleceu três arquivos da obra do autor: um alfabético, para as palavras, com suas diversas acepções, a citação e a referência precisa de cada uma das passagens em que ela se encontra, e que é, ao mesmo tempo, um léxico e um guia de concordâncias; um segundo volume, paralelamente à ordem das palavras, com as *formulae loquendi* próprias de Cícero, isto é, tropos, figuras, sentenças, *lepide dicta* e outras *deliciae*; e um terceiro, consagrado aos "pés pelos quais Cícero começa ou termina seus membros (incisos), frases, períodos". Mesmo com um verbo como "*amo*" é preciso ter cuidado, pois Cícero pode ter usado "*amo, amas, amat*", mas não "*amamus, amatis*"; e, se Cícero não empregou essas formas, elas não devem ser usadas, "a não ser que julgues talvez seguro fiar-se dos gramáticos, que flexionam as palavras em todos os modos, pessoas, gêneros e tempos, nomes e pronomes e particípios em todos os casos e números, quando não nos é lícito usar nenhuma palavra que não tiver sido usada por Cícero. Não é grandioso discursar em gramatiquês, mas é divino falar tulianês".

Perguntado sobre palavras que aparecem em outros autores consagrados, Nosópono é peremptório: "Não há exceção. Não será ciceroniano aquele em cujos livros for encontrada uma única palavrinha que ele não possa apontar nos escritos de Cícero. E julgarei espúria como uma moeda falsa toda frase de um homem na qual restar uma única palavra que não tiver a marca do carimbo de Cícero, o único a quem, como príncipe da eloquência, foi dado pelos deuses romanos cunhar a moeda do discurso". E completa: "Acaso não vês que, por causa de uma única moedinha falsa, é confiscada uma grande quantidade de dinheiro e que, por causa de uma única verruga, ainda que pequena, toda a beleza de uma moça, por mais que seja notável, perde seu encanto?".

Munido de seus volumes com anotações, o ciceroniano Nosópono escreve apenas na calada da noite, num "templo para as Musas no lugar mais recôndito da casa, com paredes grossas, portas e janelas duplas, com todas as fendas fechadas cuidadosamente com gesso e piche, para que nenhuma luz ou som possa irromper durante o dia mesmo com dificuldade, a menos que seja mais forte, como o é o das brigas das mulheres ou das fundições dos serralheiros". E diz: "Não suporto sequer que alguém use como quarto os aposentos contíguos, para que nem as vozes nem os roncos daqueles que dormem interrompam a privacidade de meu pensamento. Pois há aqueles que falam em sonhos, e alguns roncam tão alto que são ouvidos mesmo de longe". Quanto às preocupações do espírito, Nosópono entende "que esses tumultos muitas vezes são mais molestos para alguns do que as forjas e os martelos dos vizinhos" e, por esse motivo, mantém-se refratário ao amor, ao ódio, à inveja, à esperança, ao medo e ao ciúme. Diz ele: "aqueles são tomados pelo amor, ciúme, ambição, preocupação com dinheiro ou por doenças semelhantes, estes em vão ambicionam a honraria a que somos candidatos. Coisa tão sagrada requer um coração puro não apenas de todos os vícios, mas também de vazio de todas as preocupações, não diferentemente do que outros ensinamentos mais secretos, como a magia, a astrologia e aquele a que chamam alquimia. [...] E esta é a principal razão por que decidi manter-me celibatário, embora não desconheça que o casamento é coisa sagrada. Mas isso não pode evitar que esposa, filhos e parentes tragam consigo muito com que se preocupar".

Além disso, em suas vigílias noturnas, Nosópono mantém-se em jejum, "para que nenhuma substância grosseira mais líquida invada a sede do meu espírito e que uma nuvem exalada do estômago não fique pesada". Nosópono come apenas dez bagos de uvas passas pequeninas e três sementes de coentro, revestidas de açúcar. Para que o crepitar da madeira da lareira não o atrapalhe, ele senta-se para escrever no frio e praticamente no escuro, para não ser distraído por nada mais.

E como ele o faz? Da seguinte maneira: suponha-se que ele quisesse escrever uma carta a um amigo, solicitando de volta um livro emprestado. Decidido o tema, Nosópono passa a procurar em suas anotações (três volumes gigantescos) quais palavras Cícero empregou que poderiam ser usadas ali, depois os tropos e figuras, e finalmente os ritmos. Nisso, uma noite é suficiente para a redação de apenas um período. Depois, é preciso refazer tudo pelo menos dez vezes, para que nenhuma palavra não ciceroniana escape. "Então, resta outra verificação de tropos e de fórmulas e, por último, dos ritmos e da composição". Depois, é preciso deixar o texto descansar, para que, numa última revisão, não passe despercebida alguma construção ilegítima, ou seja, não empregada por Cícero.

E qual seria então a preparação de Nosópono para falar? Ele responde: "A primeira precaução é não falar em latim com ninguém, tanto quanto possa evitá-lo", ao que Buléforo responde: "É, de fato, um novo tipo de exercício se, calando-nos, aprendemos a falar". A justificativa de Nosópono é esta: "Para tagarelar sobre bagatelas quaisquer, basta-me a língua francesa ou a holandesa; não contamino a língua sagrada com conversinhas profanas e vulgares".

Tendo apresentado esse retrato de um ciceroniano, Erasmo começa então sua defesa da imitação composta, e o faz com um exemplo extraído do próprio Cícero: Zêuxis de Heracleia, que, tendo de retratar a figura de Helena, recorreu a várias mulheres, das quais pintou o que havia em cada uma de mais belo. Em seguida, Buléforo passa a mencionar as críticas recebidas por Cícero em sua própria época e a apresentar outras possibilidades de modelos: Salústio ou Bruto, caso se queira imitar a concisão, por exemplo. E conclui: "Sendo assim, aprovo o exemplo de Zêuxis, exemplo que é seguido também por Quintiliano, quando prescreve ao imitador que não haverá de ler só um autor, nem a todos, nem uns quaisquer, mas que deve escolher, dentre os principais, alguns excelentes, entre os quais concede a primazia a Cícero, mas não desacompanhado. Pois quer que Cícero seja o autor supremo entre os melhores, mas não o único, com a exclusão dos outros".

Resumindo, os argumentos todos estão aqui subordinados a um somente, o retórico: o conceito de conveniência, adaptação, cabimento, *decorum*. É o *apte dicere* contra a emulação símia dos falsos ciceronianos italianos, cujos métodos são ilustrados e satirizados por meio do trabalho de Nosópono, em quem a *res* tem de se adaptar às preexistentes, predeterminadas e intocáveis *uerba*. Um comentário de Hipólogo explicita o ridículo desse método: é "exatamente como se um grande artista fizesse roupas a partir de uma peça de joalheria, de anéis e pedras, e então forjasse uma estátua de cera em que esses ornamentos servissem, ou mesmo forjasse-a a fim de adaptá-la ao ornamento".

Em outro texto, o prefácio à obra de Hilário, Erasmo estabeleceu uma diferença entre *reddere* e *exprimere* (que significam "parecer-se a") e *imitari* (Chomarat, 1981, p.836). Por exemplo, uma criança se parece com seus pais, mas imita os mais velhos. A semelhança é natural; a imitação é voluntária, é um esforço. E a opção pelo modelo a ser imitado diz menos sobre o modelo do que sobre o imitador, uma vez que a imitação supõe ou pressupõe um julgamento sobre o modelo. É necessário conhecer suas qualidades e falhas, seus pontos fortes e fracos. Imitar é, assim, escolher.

Falar decentemente (no sentido latino) é falar de acordo com as pessoas, caracteres e situações. A exigência de escrever exatamente como Cícero escreveu, quando tudo ao redor havia mudado, é impudência. Erasmo continua com os exemplos: no teatro, é inconveniente, indecoroso, falar sobre os paradoxos estoicos, como que explicando receitas de cozinha com vocabulário e figuras apropriadas à tragédia. O próprio Cícero, "que foi o melhor orador de seu século, não teria sido tão bom se ele tivesse falado da mesma forma que Catão, Cipião ou Ênio".

Bem, se o tema tem de convir ao estilo, apenas uma das três funções da Retórica (*docere, mouere, delectare*) interessa aos ciceronianos, e, portanto, o discurso deles é, por definição, sofístico. São não apenas vazios, mas também deslocados e inconvenientes. Assim, não comunicam nada. "Roma não é Roma, não tendo nada além de ruínas e restos, cicatrizes e vestígios da antiga calamidade" (*Roma Roma non est, nihil habens praeter ruinas ruderaque priscae calamitatis, cicatrices ac uestigia*).

Assim, esse ciceronianismo é a própria antítese da verdadeira *imitatio* e ameaça tornar-se uma caricatura. Assim, o material trabalhado e burilado com tanta dificuldade a fim de criar efeitos sublimes acaba provocando involuntariamente o riso e expondo ao ridículo não apenas o imitador, mas também o modelo imitado.

Enfim, Erasmo sugere que Cícero deveria ser imitado do "mesmo jeito que ele mesmo imitou a outros." Isto é, assimilando-o e usando-o como matéria-prima para manufaturar um discurso que deveria se adequar às circunstâncias e às coisas (e, frequentemente, também às palavras, novas), pois "é indecoroso perseguir aquilo que não nos cabe. É inepto querer dizer algo diferente daquilo que a matéria exige" (*indecorum est affectare, quae nobis non congruunt. Ineptum est aliter uelle dicere quam res postula*).

Erasmo menciona outro ponto fundamental nesta discussão, que é o fato de Cícero ter sido pagão, por um lado, e a divinização de Cícero por outro – divinização que, naquele contexto cristão de que Erasmo não pode ser separado, é uma acusação de paganismo. Para esse monge agostiniano que jamais abandonou seus votos, os humanistas italianos e os poetas que, em nome da admiração pelas letras antigas, rejeitam o rude e rústico estilo baixo cristão são membros de uma seita. Para essa seita, um discurso que fala a respeito de Deus é bárbaro e incorreto, mas outro, que menciona *"Iuppiter optimus maximus"* [Júpiter, o melhor e o maior] vale a pena e é admirável. O próprio título do tratado nos remete à crítica que Jerônimo teria feito a si mesmo: "não és cristão, mas ciceroniano" (*non christianus es, sed ciceronianus*). Uma advertência religiosa, claro, mas também formal e estilística. É completamente sem sentido, por exemplo, o que Marullus faz: porque ao pretender lidar com a religião cristã em linguagem ciceroniana, ele emprega a palavra *legatus*, em vez de *apostolus*. De qualquer forma, é importante ressaltar que a questão central do *Ciceroniano* parece ser mais propriamente retórica do que filosófica ou religiosa. A crítica de Erasmo é que o estilo ciceroniano não condiz com os temas de que um sacerdote deve falar, nem seria entendido pelo público a que um sermão se destina.

Cícero, diz Erasmo, não pode ser modelo para um orador cristão, simplesmente porque não há em sua obra as palavras Jesus Cristo, Verbo Divino, Espírito Santo, Trindade, nem evangelho, evangelista, Moisés, profeta, Pentateuco, salmos, bispo, arcebispo, diácono, subdiácono, acólitos, exorcista, igreja, fé, esperança, caridade, nem a essência das Três

Pessoas, nem heresia, nem símbolo, nem os sete sacramentos da igreja, batismo, crisma, confirmação, Ceia do Senhor, unção sagrada, penitência, confissão, arrependimento, absolvição, excomunhão, sepulcro, missa. Ou será que os cristãos deveriam dizer "persuasão cristã", em lugar de "fé cristã"? Além disso, Buléforo diz que, se nós, cristãos, temos algo em comum com Cícero no que diz respeito aos tropos e figuras, no que concerne à "majestade das ideias", no entanto, e quanto à "certeza", nós somos muito superiores a ele.

Grande parte do diálogo apresenta uma imensa lista de escritores, da época de Cícero ao século XVI, que Buléforo vai apresentando a Nosópono para que este responda se cada um deles era ciceroniano ou não. De Quinto Cúrcio a Petrarca, de Cipriano a Lorenzo Valla, de Agostinho a Pico della Mirandola, de Sêneca a Aretino, dezesseis séculos de escritores passam pelo crivo de Nosópono, que nega a cada um deles o estilo ciceroniano, mesmo a Bembo e a Longueil. É interessante notar que o nome do próprio Erasmo figura nessa lista, e que Nosópono responde, indignado, que ele não é um escritor, mas um polígrafo (*polygraphous*), "se polígrafo é quem emporcalha muitos papéis com tinta preta". Se Erasmo for escritor, diz Nosópono, "aqueles que ganham dinheiro copiando livros à mão seriam considerados escritores, ao passo que os eruditos preferirão chamá-los de copistas". Erasmo, diz, "arremessa e precipita tudo; não dá à luz, mas aborta; às vezes escreve um volume aceitável 'apoiando-se num pé só', mas nunca é capaz de ordenar a seu espírito que releia, ainda que uma vez só, o que escreveu, e não faz outra coisa que não seja escrever, quando deveria finalmente tomar da pena depois de uma longa leitura. Que dizer do fato de que nem sequer aspira a falar à maneira tuliana, não se abstendo de palavras teológicas e às vezes nem mesmo das sórdidas?".

A conclusão a que se chega depois de um verdadeiro desfile de praticamente todos os nomes da literatura em língua latina, de Cícero a Erasmo, é que nenhum deles sequer conseguiu chegar a ser ciceroniano. Longueil, reconhecido pelos italianos como aquele que mais se aproximou de tal feito, morreu jovem, pelos esforços que envidou nessa empreitada. Para Erasmo, não valeu a pena... Ele, aliás, não se furtou a dar uma última estocada em seus detratores: quando Nosópono diz que os italianos elogiam os escritos de Longueil, Buléforo responde: "louvam aqueles escritos, mas leem estes outros. Quantas pessoas desgastam com as mãos as bagatelas de um orador batavo, chamadas de *Colóquios*, mais do que os escritos de Longueil, por mais elaborados, por mais polidos, por mais tulianos e, para dizê-lo em grego, *kekrotehmena* que sejam! Qual é a razão? Qual seria, senão que nos *Colóquios* o próprio tema seduz e entretém o leitor, qualquer que seja a linguagem empregada? Mas, nos escritos de Longueil, uma vez que eles são teatrais e carecem de vida, o leitor dorme e ronca".

Qual é, pois, o conselho de Buléforo, ou seja, de Erasmo? Jogar Cícero fora? "Ao contrário!", responde. "Que o jovem que aspira à eloquência o tenha sempre no coração. Mas devem ser rechaçados por completo o rigor e o pedantismo de alguns que costumam rejeitar um escrito, por mais douto e elegante que seja, e julgá-lo indigno de ser lido, pelo simples fato de que não foi elaborado à imitação de Cícero. Pois, em primeiro lugar, o estilo tuliano não vai bem para todos os talentos, a ponto de que tal afetação poderia acabar mal; em segundo lugar, se faltam as forças naturais para que alcances um inimitável êxito oratório, que há de mais estulto que atormentar-se com aquilo que não se pode conseguir? Ademais, o estilo tuliano não convém a qualquer matéria nem a todas as pessoas, e, ainda que conviesse, vale mais a pena negligenciar certos aspectos que pagá-los caro demais. Se a facúndia tivesse custado a Marco Túlio tanto quanto a nós, ou muito me engano ou ele teria desdenhado em parte dos ornamentos estilísticos. Realmente, paga-se caro demais por aquilo que se compra com tanto dispêndio da idade, da saúde e até da vida. Demasiado caro se paga por aquilo por cuja causa negligenciamos as disciplinas mais necessárias ao conhecimento. Enfim, demasiado caro se paga o que se compra à custa da piedade."

E, de qualquer forma, se a eloquência é estudada precisamente para que "nossos escritos se desgastem nas mãos dos homens", ou seja, para que os livros estejam constantemente à mão, precisamente por isso deve-se "buscar com a arte a variedade que remediasse o estômago nauseado do leitor", pois "a variedade tem tanta força nas coisas humanas que não convém usar sempre nem sequer as melhores coisas". A própria natureza rejeita a uniformização, pois "quis que o estilo fosse o espelho da alma. Assim, uma vez que a diferença entre os talentos é tão grande quanto dificilmente o é a das formas ou das palavras, mentiroso será o espelho se não refletir a imagem genuína do espírito; ou seja, o que deleita os leitores, em primeiro lugar, é conhecer os afetos, o temperamento, a sensibilidade e o talento do escritor a partir do discurso, nada menos do que se tivesse tido trato com ele por muitos anos. Daí surgem interesses tão diferentes perante os escritores de livros diferentes, conforme um se compatibilize com um gênio semelhante ao seu ou se afaste de um diferente; não de outra forma que, com respeito às formas dos corpos, uma aparência agrada a um e outra desgosta a outro".

E a conclusão de Buléforo é a de Erasmo: "Eu abraço a imitação, mas aquela que ajudar a natureza, não a que a violar; a que corrigir os dotes naturais, não a que os destruir; aprovo a imitação, mas a que, conforme o exemplo, está de acordo com o teu talento ou que, ao menos, não se opõe a ele, para que não pareça um *theomachein* contra os gigantes. De novo, aprovo a imitação, mas não a dedicada a uma só prescrição, de cujos traços não se atreve a separar-se, mas aquela que, de todos os autores ou ao menos dos mais importantes, toma aquele que mais se destaca e o que mais se convém a teu próprio talento, colhendo e não acrescentando imediatamente ao discurso tudo de belo que se lhe apresente, mas fazendo-o passar a teu próprio coração, como se fosse ao estômago, para que, uma vez transfundido às veias, pareça nascido de teu próprio talento, e não mendigado de outra parte. Inspirará assim o vigor e a índole de tua mente e de tua natureza, para que quem lê não reconheça o emblema tirado de Cícero, mas sim um feto nascido de teu cérebro, da mesma forma que, dizem, Palas saiu do cérebro de Júpiter, refletindo a imagem viva de seu pai, e teu discurso não pareça a ninguém um centão ou um mosaico, mas a imagem viva de teu peito ou um rio emanado da fonte de teu coração. Mas seja tua primeira e principal preocupação a de conhecer a matéria que te propões tratar. Ela prover-te-á copiosidade oratória, prover-te-á afetos verdadeiros e genuínos. Assim, enfim, dar-se-á que teu discurso viva, respire, aja, comova e arrebate, e reflita todo teu ser". E completa: "e quero que Marco Túlio seja o principal e o primeiro nome nessa parte dos estudos, mas não o único, e penso que não deve ser seguido, mas também imitado e mesmo emulado. Com efeito, aquele que o segue anda nas pegadas alheias e serve a algo prescrito. Mas já se disse que aquele que sempre põe o pé na pegada alheia não pode caminhar bem, nem pode nadar bem jamais aquele que não se atreve a soltar a tábua. O imitador, por sua vez, não se esforça tanto em dizer palavras idênticas, mas semelhantes; e mais, às vezes nem semelhantes de fato, mas antes iguais. O emulador, em contrapartida, se esforça também para falar melhor, se puder".

Em suma, no final do tratado, Nosópono é solene e retumbantemente derrotado, uma vez que seus oponentes usaram técnicas muito usuais no século XVI: dar ao adversário toda a corda necessária para que ele se enforcasse, esgrimando contra ele seus próprios argumentos. Confrontado com citações de Cícero, Nosópono foi forçado a admitir que ele tinha sido tolo, indecoroso, inapto e insano; enfim, um falso ciceroniano. Manter-se no ciceronianismo estrito significava esquecer que a *imitatio* é uma apropriação criativa de modelos escolhidos deliberadamente, e que Cícero mesmo imitou, isto é, forjou seu estilo por meio da mistura de estilos. Além disso, Cícero também praticou a transposição, por assimilação e adaptação, da oratória grega para as necessidades de sua Roma contemporânea. Aqueles que se autoproclamam ciceronianos, portanto, são anti-Cícero e aqueles que dão prioridade à elocução e decretam um modelo único e exclusivo como parâmetro para oradores que já desde há muito não falam latim como língua nativa, estes, em suma, são os que fazem do latim uma língua morta.

As linhas finais do diálogo retomam a ideia inicial de uma doença, mas agora curada. Curada por seu próprio veneno: a argumentação ciceroniana.

Nesse sentido, o antídoto para a doença do ciceronianismo é um só: Cícero.

Profa. Dra. Elaine C. Sartorelli
DLCV – FFLCH (USP)

Referências bibliográficas

CHOMARAT, J. *Grammaire et rhétorique chez Érasme*. Paris: Belles Lettres, 1981.

DELLANEVA, J. (Ed.) *Ciceronian Controversies*. I Tatti Renaissance Library. Cambridge: Harvard University Press, 2007.

KRISTELLER, P. O. *Renaissance Thought and the Arts*. Nova Jersey: Princeton University Press, 1990.

MAÑAS NUÑEZ, M. *El ciceroniano*. Madrid: Akal, 2009.

SCOTT, I. Controversies over the Imitation of Cicero as a Model for Style and Some Phases of their Influence on the Schools of the Renaissance. Davis, CA: Hermagoras, 1910.

Diálogo cujo *título* é *O ciceroniano*, ou *acerca do melhor gênero de discurso*[1]

Personagens: Buléforo,[2] Hipólogo[3] e Nosópono.[4]

BULÉFORO: Quem estou vendo afastado de nós, perambulando na parte mais retirada do pórtico? A menos que meus olhos enxerguem pouco, é Nosópono, nosso velho companheiro e *suntrophos*.[5]

HIPÓLOGO: Será esse aquele Nosópono, outrora o mais encantador de todos os camaradas, coradinho, gordinho, transbordante por toda a parte de atrativos e de graças?

---

[1] *De optimo dicendi genere*, em referência direta ao tratado de Cícero *De optimo genere dicendi*, mais conhecido como *Orator*.
[2] Nome grego cujo significado é "o portador do bom senso"; representa Erasmo.
[3] Nome grego que significa "o que fala pouco"; personagem que serve de "escada" no diálogo.
[4] Nome grego cujo sentido é "aquele que está doente de trabalhar", o *workaholic*, ou, como na tradução inglesa, *workmad*.
[5] Em grego no original: "colega".

BULÉFORO: É ele mesmo.

HIPÓLOGO: De onde surgiu essa sua nova aparência? Parece mais semelhante a um fantasma do que a um homem! Então, que enfermidade domina esse homem?

BULÉFORO: Domina-o a mais grave de todas.

HIPÓLOGO: Qual, por favor? Acaso a hidropsia?

BULÉFORO: Seu mal é mais profundo do que se estivesse na pele.

HIPÓLOGO: Acaso esse novo tipo de lepra, o qual o vulgo homenageia hoje em dia com o nome de sarna?

BULÉFORO: Esta infecção é mais profunda do que aquela...

HIPÓLOGO: Acaso tísica?

BULÉFORO: Seu mal reside mais profundamente do que no pulmão.

HIPÓLOGO: Acaso tuberculose ou icterícia?

BULÉFORO: É ainda mais profundo do que algo no fígado.

HIPÓLOGO: Talvez uma febre, grassando nas veias e no coração?

BULÉFORO: É uma febre e não é uma febre; é algo que queima mais profundo do que se uma febre grassasse nas veias e no coração, algo que se alastra a partir das partes mais recônditas da alma, que estão no cérebro. Mas deixa de tentar adivinhar em vão: é um novo gênero de mal.

HIPÓLOGO: Então ainda não tem nome?

BULÉFORO: Entre os latinos ainda não; os gregos o chamam *zelodulea*.[6]

HIPÓLOGO: Surgiu recentemente ou é um mal *chronion*?[7]

BULÉFORO: O infeliz já está em seu poder há mais de sete anos. Mas – ai! – fomos vistos. Parece que ele desvia o passo para cá. Saberás por ele mesmo qual é seu mal. Eu farei o papel de Davos;[8] tu responderás segundo o que ouvires e tomarás parte na peça.

HIPÓLOGO: Fá-lo-ei, sem dúvida, com todo empenho, se souber o que esperas de mim.

BULÉFORO: Desejo muito aliviar meu velho amiguinho de tão grande mal.

HIPÓLOGO: Acaso és versado também em medicina?

BULÉFORO: Bem sabes que há um tipo de demência que não toma toda a mente, mas afeta somente uma parte do espírito, porém de forma violenta. Assim são aqueles que acreditam que têm chifres de touro na cabeça ou então que estão sobrecarregados por um nariz muito comprido, ou ainda que portam uma enorme cabeça de argila apoiada em um pescoço a tal ponto delgado que ela despedaçar-se-ia se eles se movessem um pouquinho. Há alguns que se julgam mortos, e, como tal, têm horror ao convívio dos vivos.

---

6 Em grego no original. "Style-addiction", na tradução inglesa de Knot, p.342; "afán por ser esclavo", na tradução para o espanhol de Mañas Nuñez, p.68.

7 Em grego no original: crônico, antigo.

8 O *seruus callidus* da comédia *Andria*, de Terêncio; parecendo manter uma conversação inocente, zomba de seu interlocutor.

HIPÓLOGO: Basta! Conheço esse tipo de doença.

BULÉFORO: Não há caminho melhor para curá-los do que o de simulares estar tomado do mesmo mal.

HIPÓLOGO: Assim ouvi frequentemente.

BULÉFORO: Que isso seja feito.

HIPÓLOGO: Não serei apenas um espectador desta peça, mas também, de bom grado, um coadjuvante. Pois se trata de um dos homens a quem mais quero bem.

BULÉFORO: Então, compõe teu semblante e assume a personagem, para que nada disso lhe cheire a coisa arranjada por combinação.

HIPÓLOGO: Assim o farei.

BULÉFORO: Faço votos de que Nosópono tenha saúde, mais e mais!

HIPÓLOGO: Também Hipólogo diz "saúde!" a Nosópono.

NOSÓPONO: Certamente vos desejo o mesmo em troca. Mas quem dera tivesse o que vós me desejais!

BULÉFORO: Não te faltaria, se estivesse em nossas mãos dar-to, tanto quanto está desejar-to. Mas, pergunto-te, que há de errado? Pois essa tua aparência e magreza prognosticam um não sei quê de sinistro. Parece ser um mal do fígado.

NOSÓPONO: Antes do coração, homem excelente.

HIPÓLOGO: Não digas mais![9] Com efeito, relatas um mal incurável.

---
9 *Bona uerba*. Terêncio, *Andria* 204.

BULÉFORO: Não há esperança nos médicos?

NOSÓPONO: Nada há que esperar dos remédios humanos. É necessário o recurso de uma divindade.

BULÉFORO: Relatas uma enfermidade atroz. Mas de que divindade, afinal?

NOSÓPONO: Há uma deusa a que os gregos chamam *Peithó*...[10]

BULÉFORO: Conheço bem a deusa que subjuga os corações...[11]

NOSÓPONO: Por cujo amor me consumo, e hei de morrer, se não a possuir.

BULÉFORO: Não é de admirar, Nosópono, que estejas definhando. Eu sei que coisa violenta é o desejo e o que é ser *numpholehpton*.[12] Mas há quanto tempo o amor se apoderou de ti?

NOSÓPONO: Há quase dez anos que arrasto esta pedra e não chego a parte alguma. Assim, é certo que ou morrerei nessa empresa ou conseguirei finalmente aquilo que amo.

---

10 Em grego no original: Persuasão. Segundo o próprio Cícero (*Brutus* 59), "deusa da persuasão ou da eloquência".

11 *Noui deam flexanimam*. Em *De oratore* 2.187, Cícero cita um verso de Pacúvio: "flexanima atque omnium Regina rerum oratio", verso que imita Eurípides, *Hécuba* 816, referindo-se a *Peitho*. Erasmo havia publicado uma edição de *Hécuba* em 1506. Ver nota 11 da página 545 da tradução de Knott.

12 Em grego no original: "Possuído por uma ninfa"; a mesma palavra que Platão emprega em *Fedro* 238D para descrever a possessão de um homem "inspirado" por uma ninfa.

BULÉFORO: Relatas um amor tão tenaz quanto infeliz, que, em tantos anos, nem foi capaz de arrefecer nem permitiu a posse ao apaixonado.

HIPÓLOGO: Talvez a presença excessiva de sua ninfa o dilacere mais do que ausência desta...

NOSÓPONO: Ao contrário! Por sua ausência definho, infeliz...

BULÉFORO: Como é possível? Pois somente tu superaste a todos até hoje na faculdade da eloquência, de tal forma que muitos disseram de ti o que antes se dizia de Péricles:[13] "a persuasão está assentada em teus lábios".

NOSÓPONO: Para que não digas mais, causa-me náusea toda eloquência, exceto a ciceroniana. Esta é a ninfa por cujo amor me derreto.

BULÉFORO: Agora entendo tua afecção. Buscas o precioso e desejado nome de "ciceroniano".

NOSÓPONO: E a tal ponto que, se não o conseguir, considerarei amarga minha vida.

BULÉFORO: Daqui para frente, desisto de me admirar. Pois tu dirigiste teu espírito para a mais bela de todas as coisas, mas é verdadeiro demais aquilo que se costuma dizer: *duskola ta kala*.[14] Eu mesmo me uno a teus votos, para ver se algum deus propício olha por nós!

NOSÓPONO: Que queres dizer?

---

13 Péricles, líder de Atenas em seu apogeu, no século V a.C., considerado grande orador. Ver Cícero, *Brutus* 59: *Peithó* "habitava nos lábios de Péricles".

14 Em grego no original: as coisas belas são difíceis, nada de bom vem fácil.

BULÉFORO: Dir-to-ei, se podes suportar um rival.

NOSÓPONO: Aonde queres chegar?

BULÉFORO: Tortura-me o amor dessa mesma ninfa.

NOSÓPONO: Que ouço? Estás tomado da mesma aflição?

BULÉFORO: Tanto quanto possível, e as chamas crescem a cada dia.

NOSÓPONO: Na verdade, és-me ainda mais caro por isso, Buléforo. Sempre gostei muito de ti, mas agora, uma vez que nossas almas estão de acordo, começarei a amar-te.

BULÉFORO: Talvez não queiras ser aliviado dessa enfermidade, se alguém te prometer o recurso às ervas, pedras ou encantamentos.

NOSÓPONO: Isso seria matar-me, não me curar. Devo morrer ou possuí-la. Não há meio termo.

BULÉFORO: Quão facilmente adivinhei teu sentimento pelo meu!

NOSÓPONO: Sendo assim, nada te ocultarei, a ti, como a um iniciado nos mesmos mistérios.

BULÉFORO: Realmente, tu o farás em segurança, Nosópono.

NOSÓPONO: Incita-me não só o esplendor do mais belo dos títulos, mas também o insulto desaforado de alguns italianos, que têm o cuidado de não aprovar nenhuma frase que não seja ciceroniana e julgam que negar que alguém seja ciceroniano é o sumo opróbrio, e, no entanto, jactam-se de que, desde a criação do mundo, a honra desse título não coube a nenhum cisalpino a não ser a um único, Christophe de Longueil,[15] que faleceu recentemente. Para que não pareça que lhe recuso este louvor, ousaria declarar a seu respeito o mesmo que Quintiliano escreveu sobre Calvo: "a morte prematura cometeu uma injustiça com ele".[16]

HIPÓLOGO: Mais ainda, sua morte prematura cometeu uma injustiça não só com ele, como também com os melhores estudos. Pois o que ele não poderia ter-nos restituído nas boas letras, se os deuses tivessem acrescentado a tal gênio, a tal industriosidade, um tempo de vida justo?

BULÉFORO: Mas o que impede que aquilo que foi concedido a um possa, com o favor das Musas, tocar a muitos?

NOSÓPONO: Ele morreu, a meu ver feliz, dedicado a essa belíssima tarefa. Pois o que é mais belo, mais nobre, mais magnificente do que um cisalpino ser chamado ciceroniano por votação dos italianos?

[BULÉFORO]:[17] Julgo que devemos dar-lhe congratulações pela felicidade de ter morrido no tempo certo, antes de que alguma nuvenzinha ofuscasse essa glória, quer por causa do estudo das letras gregas, ao qual começara a dedicar-se,[18]

---

15 Longueil (1488-1522), o único cisalpino que os italianos aceitaram como ciceroniano, e mesmo assim sob forte polêmica e depois de um julgamento em que Longueil teve de se defender. Ver o prefácio.

16 Quintiliano, *Institutio Oratoria* 10.1.116.

17 Nas edições que seguem a de Gambaro, essa fala é atribuída a Nosópono.

18 Nos três anos anteriores à sua morte, entre 1519 e 1522, Longueil, que havia abandonado tudo para se dedicar unicamente a Cícero, esteve estudando literatura grega.

quer pelo aparecimento de uma nuvem a partir dos autores cristãos, dos quais talvez não tivesse se abstido tão completamente, se lhe tivesse tocado uma vida mais longa.

BULÉFORO: É assim como dizes. A ele foi dado morrer entregue a esta belíssima tarefa. Mas tenho a esperança de que haveremos de sobreviver a esta belíssima tarefa, e de que não haveremos de morrer.

NOSÓPONO: Como eu torço para que teus votos se realizem! Que eu caia morto se não preferir isto a ser contado no número dos santos!

BULÉFORO: E quem não preferiria ser celebrado pela posteridade como ciceroniano, mais do que como santo? E mais, uma vez que este gênero de amor não conhece o ciúme, peço-te, em nome das aflições e em nome das esperanças que a mim são comuns contigo, que repartas igualmente com este amante ao menos teu plano, com que estratégias tu fazes o cerco a tua amada. Talvez ambos cheguemos a ela mais cedo, se cada um de nós ajudar o outro.

NOSÓPONO: As Musas não conhecem a inveja, e muito menos as Graças, companheiras das Musas. Nada deve ser negado ao colega de estudos, e convém que todos os bens dos amigos sejam comuns.

BULÉFORO: Alegrar-me-ás completamente se o fizeres.

HIPÓLOGO: E se me receberdes também em vossa sociedade? Pois já desde há muito fui arrebatado pelo mesmo furor.

NOSÓPONO: Nós te recebemos. E agora, como que a iniciados no mesmo deus, revelar-vos-ei os mistérios. Já há sete anos inteiros não toco em nada além de livros ciceronianos,[19] abstendo-me dos outros não menos religiosamente do que os cartuxos se abstêm de carne.[20]

BULÉFORO: E por que isso?

NOSÓPONO: Para que nenhuma expressão forasteira, tirada de algum outro lugar, fique presa e como que lance uma nódoa sobre o brilho do discurso ciceroniano. Além disso, para que eu não peque por imprudência, escondi dos olhos, fechado em caixas, tudo o que for de outros códices. Desde então, não há lugar em minha biblioteca para ninguém além de um único, Cícero.

BULÉFORO: Como sou negligente! Nunca cultivei Cícero com tanta devoção...

NOSÓPONO: Não somente em minha capela[21] e em meu escritório, mas também em todas as portas, tenho um retrato dele, belamente pintado; e carrego comigo um gravado em uma pedra preciosa, para que nunca se afaste do meu pensamento. E nenhuma outra imagem vem a mim em sonhos, exceto a de Cícero.

BULÉFORO: Não me admiro!

---

19 No colóquio *Echo*, de 1526, Erasmo diz que o "asno" Longueil passou dez anos lendo apenas Cícero.
20 Fundada no século XI, a ordem dos cartusianos era uma das mais austeras em seu ascetismo, o qual incluía a abstenção de carne. Knott, na nota 27 da página 547, afirma que Longueil praticava vários rituais de ascetismo e foi enterrado em hábito de franciscano.
21 Nosópono usa a palavra latina *lararium*, uma espécie de altar doméstico devotado ao deus Lar.

HIPÓLOGO: Eu dei a Cícero um lugar entre os apóstolos em meu calendário.

BULÉFORO: Em nada me admiro. Pois lhe chamavam outrora o deus da eloquência.

NOSÓPONO: Fui, enfim, tão assíduo em virar e revirar seus escritos que praticamente aprendi tudo de cor.

BULÉFORO: Que empenho teu me contas!

NOSÓPONO: Agora me preparo para a imitação.

BULÉFORO: Quanto tempo destinaste para isso?

NOSÓPONO: Tanto quanto para a leitura.

BULÉFORO: É pouco para coisa tão árdua. Quem dera me tocasse a condecoração de um título tão ilustre, ainda que aos setenta anos!

NOSÓPONO: Mas espera! Não me fio de tal diligência. Não há uma única palavrinha nos livros desse homem divino que eu não tenha organizado em um léxico alfabético.[22]

BULÉFORO: Deve ser um volume enorme!

NOSÓPONO: Dois robustos carregadores bem preparados com dificuldade levá-lo-iam nas costas.

BULÉFORO: Arre! E eu vi alguns em Paris que aguentariam carregar um elefante!

---

22 Em 1535, sete anos depois da publicação do *Ciceroniano*, apareceu de fato um "dicionário ciceroniano", o *Observationes in M. T. Ciceronem*, de Mario Nizzoli, o qual confessou ter levado nove anos para escrever o prefácio. Ver Knott, nota 31, p.547.

NOSÓPONO: Mas há também um segundo volume ainda maior, no qual anotei as fórmulas discursivas características de Marco Túlio, em ordem alfabética.

BULÉFORO: Minha antiga indolência envergonha-me agora ainda mais...

NOSÓPONO: Há um terceiro.

BULÉFORO: Arre! Um terceiro?!

NOSÓPONO: Foi necessário assim. Neste eu reuni todos os pés métricos com os quais Cícero ou começa ou termina membros, frases, períodos, e com que ritmos os tempera na metade; em seguida, com que sentenças acomodará cada modulação, para que nem sequer um tantinho possa escapar.

BULÉFORO: Mas como pode acontecer de o primeiro volume ser tão maior do que o Cícero inteiro?

NOSÓPONO: Aprende uma coisa e deixarás de te admirar. Tu talvez creias que eu me contente com o cuidado de anotar cada palavra?...

BULÉFORO: Assim pensava eu. Há ainda mais?

NOSÓPONO: Isso é pouco mais do que nada...

BULÉFORO: Como, por favor?!

NOSÓPONO: Vê quão afastado estás do objetivo! Uma mesma palavra nem sempre é usada do mesmo modo. Por exemplo, o verbo *refero*: ele tem uma acepção quando Marco Túlio diz *referre gratiam*, "agradecer de volta", outra quando diz *liberi parentes et forma corporis et moribus referunt*, "os filhos lembram os pais, tanto na aparência física quanto nos costumes", outra quando diz *refero me ad intermissa studia*, "estou retomando meus estudos interrompidos", e outra ainda quando diz *si quid erit quod mea referat scire*, "se há algo que me importe saber", e outra, finalmente, quando diz *non ignota referam*, "contarei coisas não desconhecidas". Da mesma forma, uma coisa é *orare Lentulum*, "suplicar a Lêntulo", outra, *orare causam*, "defender uma causa". De novo, *contendit*, de um lado, um "disputa" com outro, e, de outro, "solicita" algo de alguém insistentemente, assim como *contendit*, de um lado, "tenta com grande esforço" obter algo, e, de outro, "confronta" duas coisas entre si e as compara.

HIPÓLOGO: Arre, isto é que é escrever *lexikous elegchous!*[23]

BULÉFORO: Somente agora entendo tanto tua vigilância quanto minha indolência...

NOSÓPONO: E não anoto cada palavra desacompanhada, mas acrescento aquelas que a precedem e as que a seguem. E não fico satisfeito em ter anotado um ou outro passo, como alguns costumam fazer, mas, quantas vezes uma expressão se repetir em Cícero, ainda que for semelhante quanto à forma, tantas eu anoto a página, o lado da página[24] e o número da linha, e acrescento um sinal que indique se a expressão está no meio da linha, no início ou no fim. Feito isso, vês como uma única expressão ocupa muitas páginas.

---

23 Em grego no original: índice léxico.
24 *Recto aut verso*: no começo do século XVI, quando a numeração das páginas era novidade, era comum que elas se distinguissem por esta marcação.

BULÉFORO: Deus imortal! A que não chegará tão grande cuidado?

NOSÓPONO: Mas espera, Buléforo! Não ouviste nada até agora.

BULÉFORO: Que mais pode haver?

NOSÓPONO: Que há de útil em reter uma palavra se ficas preso ou mesmo tropeças em suas declinações, derivados e compostos?

BULÉFORO: Não percebo bem o que dizes.

NOSÓPONO: Explicarei. O que há de mais batido ou mais comum do que estas palavras: *amo, lego, scribo* ("amo, leio, escrevo")?

BULÉFORO: Também essas acarretam dúvidas?

NOSÓPONO: Ou então do que estes substantivos: *amor, lectio, scriptor* ("amor, leitura, escritor")?

BULÉFORO: Nada.

NOSÓPONO: Mas convence-te de que, tanto para mim quanto para quem quer que vise à dignidade do título de ciceroniano, é necessário e preciso tão grande escrúpulo, a fim de não empregar quaisquer dessas palavras comuns, a menos que um índice tenha sido consultado; a não ser que julgues talvez seguro fiar-te dos gramáticos, que flexionam os verbos em todos os modos, pessoas, gêneros e tempos, e os nomes e pronomes e particípios em todos os casos e números, quando não nos é lícito usar nenhuma palavra que não tiver sido usada por Cícero. Não é grande coisa discursar em gramatiquês, mas é divino falar tulianês.

BULÉFORO: Fala mais claramente, por favor.

NOSÓPONO: Tomemos este verbo à guisa de exemplo: *amo, amas, amat*, "amo, amas, ama", eu encontro em Cícero. Mas *amamus*, "amamos", e *amatis*, "amais", talvez não encontre... Da mesma forma, encontro *amabam*, "amava"; mas *amabatis*, "amáveis", não encontro. De novo, encontro *amaueras*, "amaras"; não encontro *amaras*.[25] Em contrapartida, acho *amasti*, "amaste", várias vezes; mas *amauisti*,[26] em parte alguma. Já como será se achares *legeram, legeras, legerat*, "lera, leras, lera", mas não achares *legeratis*, "lêreis"; se encontrares *scripseram*, "escrevera", e não encontrares *scripseratis*, "escrevêreis"? Raciocina da mesma forma acerca das flexões de todos os verbos! Quanto às flexões dos casos, o método é o mesmo: as formas *amor, amores, amorum* e *amori* eu verifico em Cícero; *o amor, hos amores, horum amorum, his amoribus* e *o amores* não verifico. Da mesma forma, *lectio, lectionis, lectioni, lectionem* eu encontro; mas *lectiones, lectionibus, lectionum, has lectiones* e *o lectiones* não encontro. Também encontro frequentemente *scriptorem* e *scriptores*, mas não encontro *scriptoribus* e *scriptorum* como nome substantivo. Não nego que essas coisas vos pareçam ridículas se, ao falardes, ousais usar *stultitias* e *stultiarum, uigilantias* e *uigilantiarum, speciebus* e *specierum, fructuum, ornatuum, cultuum, uultuum, ambitibus* e *ambituum*[27] e inúmeras outras desse gênero. Por esses poucos exemplos apresentados, podes julgar sobre todos os outros, que são flexionados de modo semelhante.

---

25 Forma contraída de *amaveras*.
26 *Amasti* é a forma contraída de *amavisti*.
27 Substantivos abstratos que não costumam aparecer declinados nestes casos no latim clássico.

HIPÓLOGO: *In tenui labor.*

BULÉFORO: *At tenuis non gloria.*[28]

NOSÓPONO: Também eu declamo: *si quem numina laeua sinunt auditque uocatus Apollo!*[29] Pensa agora nos derivados. Não receio usar *lego*, "leio"; *legor*, "sou lido", não ousaria dizer. Ousaria dizer *nasutus*, "narigudo"; mas *nasutior* e *nasutissimus* ("mais narigudo" e "o mais narigudo"), de jeito nenhum. *Ornatus* e *ornatissimus*, "distinto" e "o mais distinto", *laudatus* e *laudatissimus*, "honrado" e "o mais honrado", digo sem temor; *ornatior* e *laudatior*, a menos que os encontrar, é um sacrilégio dizer. E não é porque deparo com *scriptor* e *lectio* em Cícero que imediatamente ousarei usar os diminutivos *scriptorculus* e *lectiuncula*.

BULÉFORO: Vejo uma imensa floresta de minúcias...

NOSÓPONO: Pensa agora nos compostos. Diria *amo, adamo, redamo*; não diria *deamo*. Diria *perspicio*, mas não *dispicio*. Diria *scribo, describo, subscribo, rescribo, inscribo*; não diria *transcribo*, a menos que o encontre nos livros de Marco Túlio.[30]

BULÉFORO: Não te canses em demasia recordando tudo isso, Nosópono. Vemos a coisa como que em um espelho.

NOSÓPONO: O menor de todos aqueles volumes contém essas coisas.

---

28 *Geórgicas* IV,6: "no pequeno está o trabalho, mas a glória não é pequena".
29 *Geórgicas* IV,6-7: "se as divindades hostis o permitirem, e Apolo atender a nossas preces".
30 *Dispicio* e *transcribo* são ambas ciceronianas.

BULÉFORO: Vejo que é uma carga para camelo!

HIPÓLOGO: E bem cheia, de fato.

BULÉFORO: E como se dá que não te percas em coisas tão diversas?

NOSÓPONO: Primeiro, eu aqui não me fio em nada, nem nos gramáticos, nem em outros autores, ainda que reconhecidos, nem nos preceitos, nem nas regras, nem nas analogias, que enganam a muitos. Anoto em meu arquivo todas as flexões de cada palavra, então seus derivados e, por último, seus compostos. Aquilo que está em Cícero, assinalo-o com uma marca vermelha; o que não está, com uma marca preta. E assim não pode acontecer jamais de eu me enganar.

BULÉFORO: E o que acontece se a palavra estiver em Terêncio[31] ou em outro autor igualmente reconhecido? Será anotada com marca preta?

NOSÓPONO: Não há exceção. Não será ciceroniano aquele em cujos livros se encontrar uma única palavrinha que ele não possa apontar nos escritos de Cícero. E julgarei espúrio como uma moeda falsa todo o estilo de um autor no qual restar uma única palavra que não tiver a marca do carimbo de Cícero. Ele é o único a quem, como príncipe da eloquência, foi dado pelos deuses cunhar a moeda do discurso romano.

---

31 Dramaturgo latino (195-159 a.C.), descrito por Júlio César como *puri sermonis amator* [o admirador do discurso puro]. Um dos autores favoritos de Erasmo, que o menciona frequentemente.

BULÉFORO: Essa lei é mais severa até do que a lei draconiana[32] se uma obra inteira é condenada por causa de uma única palavrinha pouco ciceroniana, ainda que elegante e eloquente no demais...

HIPÓLOGO: Mas é o justo. Acaso não vês que, por causa de uma única moedinha falsa, uma grande quantidade de dinheiro é confiscada e que, por causa de uma única verruga, ainda que pequena, toda a beleza de uma moça, por mais notável que seja, perde seu encanto?

BULÉFORO: Admito-o...

NOSÓPONO: Se, apenas considerando todas essas coisas que dissemos, já vedes quão grande é o tamanho desse volume, pensai no quanto é maior o daquele volume em que reuni as fórmulas do discurso, os tropos e as figuras, aforismas, epifonemas,[33] ditos espirituosos e todas as demais delícias da oratória. E há ainda o terceiro, que contém todos os números e pés com os quais Marco Túlio começa, desenvolve e conclui as partes do discurso. Não há, com efeito, um único lugar em todo o Cícero que eu não tenha ordenado segundo determinados pés.

BULÉFORO: Esse montante exigiria um elefante carregador!

HIPÓLOGO: Dizes antes um peso *hamaksiaion*.[34]

NOSÓPONO. Mas não minto em nada.

---

32 Código estabelecido por Dracão, legislador ateniense, famoso por sua severidade. Comentário em Aulus Gellius 11.18.
33 Ver Quintiliano, *Institutio Oratoria* 8.5.11.
34 Em grego no original: grande demais para um homem ou um animal.

BULÉFORO: Nem empregaste mal estes sete anos! Agora, uma vez que estás belamente servido de catálogos, resta que nos reveles, como um amigo aos amigos e *summustais*,[35] por quais métodos costumas acomodar essa esplêndida bagagem ao uso da escrita ou da fala.

NOSÓPONO: Não consentirei em que vos pareça que vos escondi qualquer coisa. Falarei primeiro sobre escrever, uma vez que já se disse que a pena é a melhor mestra da fala.[36] Primeiramente, é isto: eu nunca me disponho a escrever senão na calada da noite, quando uma calma profunda e um completo silêncio detêm todas as coisas, ou, se preferirdes ouvir os versos do Marão:
Véu assombroso cobria a natureza:
Descansa e dorme a selva, o mar sanhudo;
Em meio giro estrelas escorregam;
Todo o campo emudece.[37]
Enfim, quando a tranquilidade de todas as coisas é tão grande que Pitágoras, se estivesse vivo, poderia ouvir claramente a harmonia das esferas celestes.[38] Pois a essas horas os deuses e as deusas têm prazer em entabular conversa com as mentes puras.

---

35 Em grego no original: iniciados, condiscípulos.
36 *De oratore* 1.150; Quintiliano, *Institutio Oratoria* 10.3.1. Segundo Chomarat (820), Erasmo empregou essa citação com efeito cômico, pois Nosópono inverte o sentido original.
37 Virgílio, IV.522-IV.525. *Eneida brasileira*, tradução de Odorico Mendes.
38 Segundo a doutrina pitagórica, a beleza do cosmos se traduzia na "sublime sinfonia do universo", ou seja, a melodia harmoniosa produzida pelo movimento dos corpos celestes.

HIPÓLOGO: A essas horas da noite nós, os profanos, costumamos temer aparições de fantasmas!

NOSÓPONO: Mas a nós as Musas nos concederam desprezar tanto os fantasmas infaustos quanto o vulgo maligno.[39]

BULÉFORO: Mas há noites tão calmas que, nelas, os ventos austrais e boreais divertem-se derrubando casas e naufragando navios infelizes.

NOSÓPONO: Eu sei, mas escolho as mais calmas. Não creio que seja falso o que Ovídio escreveu: "há um deus em nós; quando ele se agita, ardemos".[40] Logo, se o espírito do homem tem algo de divino, isso se manifesta naquele mais profundo silêncio.

BULÉFORO: Não me escapa que esse segredo tenha sido sempre ambicionado pelos homens mais louváveis, toda vez que se empenham em algo digno de imortalidade.

NOSÓPONO: Tenho um templo para as Musas[41] no lugar mais recôndito da casa, com paredes grossas, portas e janelas duplas, com todas as fendas cuidadosamente fechadas com gesso e piche,[42] para que dificilmente alguma luz ou som possa irromper durante o dia, a menos que seja mais forte,

---

39 *Et malignum spernere uulgus.* Horácio, *Odes* 2.16.39-40.
40 Ovídio, *Fastos* 6.5.
41 Isto é, um lugar em que se dedicar às Musas: um escritório ou biblioteca.
42 Demóstenes usava um quarto no subsolo (Plutarco, *Demóstenes* 7); Plínio tinha um quarto à prova de som (*Epístolas* 2.17.24); Quintiliano, *Institutio Oratoria* 10.3.22-8 lista as condições favoráveis ao estudo.

como o é o das brigas das mulheres ou das fundições dos serralheiros.[43]

BULÉFORO: Os estrondos das vozes humanas e os ruídos das oficinas não permitem que o espírito se concentre...

NOSÓPONO: Não suporto sequer que alguém use como quarto os aposentos contíguos, para que nem as vozes nem os roncos daqueles que dormem interrompam a privacidade de meu pensamento. Pois há aqueles que falam em sonhos, e alguns roncam tão alto que são ouvidos mesmo de longe.

HIPÓLOGO: Também as ratazanas me atrapalham frequentemente, quando estou para escrever à noite...

NOSÓPONO: Em minha casa não há lugar sequer para uma mosca!

BULÉFORO: Tu ages muito sabiamente, sem dúvida, e também muito afortunadamente, se consegues deixar de fora também os clamores das preocupações da alma. Se estes nos acompanham à noite mesmo ao lugar mais retirado, que aproveitaremos do silêncio obtido?[44]

NOSÓPONO: Observas corretamente, Buléforo. Pois eu entendo que esses tumultos muitas vezes são mais incômodos para alguns do que as forjas e os martelos dos vizinhos.

BULÉFORO: Mas que, então? Nunca te incomodam o amor, o ódio, a inveja, a esperança, o medo, o ciúme?

---

43 Sêneca, *Epístolas morais* 56.4.
44 Ibid.

NOSÓPONO: Para não te dizer mais, fica sabendo de uma vez por todas, Buléforo, que aqueles que são tomados pelo amor, pelo ciúme, pela ambição, pela preocupação com dinheiro ou por doenças semelhantes, estes em vão ambicionam a honraria a que somos candidatos.[45] Uma coisa tão sagrada requer não apenas um coração puro de todos os vícios, mas também isento de todas as preocupações, não diferentemente de outros ensinamentos mais secretos, como a magia, a astrologia e aquele a que chamam alquimia. Além disso, essas preocupações mais levianas cedem facilmente ante um intento tão resoluto e sério. No entanto, se acaso restou alguma, dispenso-a também, antes de adentrar aquele lugar sagrado. Pois a isso acostumei meu espírito com muito treino! E esta é a principal razão por que decidi manter-me celibatário: embora não desconheça que o casamento é coisa sagrada, não se pode evitar que esposa, filhos e parentes tragam consigo muito com que se preocupar...

BULÉFORO: Foste sábio, Nosópono! Pois, se eu começasse a dar atenção a Cícero deste mesmo modo à noite, minha esposa arrombaria a porta, rasgaria os catálogos, queimaria as páginas com meus estudos sobre Cícero e, o que é ainda mais intolerável, enquanto eu estivesse dando atenção a Cícero, ela mandaria vir um substituto que desse atenção a ela em meu lugar. E, assim, ocorreria que, enquanto eu estivesse meditando em ser semelhante a Cícero, ela geraria uma criança nada semelhante a Buléforo...

---

45 Ver Quintiliano, *Institutio Oratoria*, 12.1.4 ss., sobre a necessidade de o estudante de oratória afastar-se das paixões.

NOSÓPONO: Como eu sei por experiência que isso aconteceu a alguns, fui aconselhado pelo perigo alheio e me precavi a tempo. Pelo mesmo motivo não quis aceitar nenhum cargo público nem dignidade eclesiástica, para que nenhuma dessas preocupações chegasse a meu espírito.

BULÉFORO: Mas essas coisas são ambicionadas por outros com grande empenho!

NOSÓPONO: Realmente, não os invejo. Quanto a mim, ser e ser considerado ciceroniano é mais do que um consulado ou o reino do sumo pontífice.

HIPÓLOGO: Aquele que ama verdadeiramente não pode amar senão a uma única!

NOSÓPONO: Então, se preparo algo desse tipo, abstenho-me da ceia nessa noite, tendo almoçado também ligeiramente, para que nada da matéria grosseira mais líquida invada a sede do meu espírito e para que nenhum vapor exalado do estômago fique pesado e "pregue à terra a partícula da aura divina".[46]

BULÉFORO: Julgo que tenha sido assim o estado de Hesíodo, quando as Musas falaram com ele![47]

HIPÓLOGO: Mas "o próprio pai Ênio[48] nunca se lançou a cantar as armas, exceto quando embriagado".[49]

---

46 Horácio, *Sátiras* 2.2.79. Referência sarcástica aos ensinamentos de Pitágoras.
47 Na *Teogonia*, as Musas falam com o poeta no Monte Hélicon, inspirando-o.
48 Poeta conhecido por sua afeição ao álcool.
49 Horácio, *Epístolas* 1.19.8.

NOSÓPONO: E por isso escreveu versos cheirando a vinho...

BULÉFORO: E Horácio está saciado quando grita "olé!"...[50]

NOSÓPONO: O que o furor poético fizer em nada nos afeta. O ciceronianismo é coisa sóbria.

HIPÓLOGO: Pois eu perco o raciocínio, se por acaso jejuo...

NOSÓPONO: Não é um jejum completo. Como dez bagos de uvas passas pequeninas, das que chamam coríntias. Aqui, nem há comida nem bebida e, no entanto, há de uma e de outra.

BULÉFORO: Entendo. Elas umedecem levemente e são úteis para o cérebro e para a memória.

NOSÓPONO: Acrescento três sementes de coentro, recobertas de açúcar.

BULÉFORO: Ótimo, para que o vapor daqueles dez bagos não voe para a sede da mente...

NOSÓPONO: Mas não abuso de quaisquer noites para essa tarefa.

BULÉFORO: Não? Excetuaste aquelas em que o Austro ou o Boreas estão enfurecidos. Talvez evites o inverno, pelo rigor da noite?

NOSÓPONO: Um fogo luminoso remove facilmente esse incômodo.

---

50 "Horácio estava cheio, Dioniso!", diz Juvenal, *Sátiras* 7.62, satirizando Horácio, *Odes* 2.19, em que exalta o poder do vinho.

HIPÓLOGO: Mas, nesse ínterim, a fumaça e o crepitar da madeira atrapalham.

NOSÓPONO: Uso lenha seca, que não solta fumaça.

BULÉFORO: Quais noites escolhes, então?

NOSÓPONO: São poucas as favoráveis para esta ocupação; assim, escolho as propícias.

BULÉFORO: A partir de que, por favor?

NOSÓPONO: Da astrologia!

BULÉFORO: Visto que Cícero tomou conta de ti mais do que inteiramente, como houve tempo para aprenderes astrologia?

NOSÓPONO: Comprei um livro do mais perito nessa arte. Pratico-a segundo o conselho dele.

HIPÓLOGO: Ando ouvindo que muitos foram enganados por esse tipo de livro, cada vez que o autor errava no cálculo...

NOSÓPONO: Comprei um testado e aprovado.

BULÉFORO: Deus imortal! Isto é que é escrever! Já não me admiro, Hipólogo, se nossos escritos forem incultos e rudes! Mas, quando estás de tal modo concentrado, em que pensas primeiro, nas matérias ou nas palavras?

NOSÓPONO: Cada uma delas vem antes e cada uma delas vem depois.

BULÉFORO: Deste um enigma, não uma resposta...

NOSÓPONO: Já desatarei o nó. No gênero, a matéria é o primeiro pensamento; na espécie, é a segunda.

BULÉFORO: Ainda não está bem claro o que queres dizer...

NOSÓPONO: Fá-lo-ei claro com um exemplo. Decidi escrever a Tício (imaginai-o), para que ele me envie o quanto antes uns livros, que eu lhes havia entregado por empréstimo, se quiser que nossa amizade fique incólume. Pois aconteceu alguma coisa e eu preciso deles com urgência... Se ele fizer isso, não há nada entre as minhas posses que ele não possa considerar seu. Caso contrário, devolvo a ele a senha de nossa velha amizade e decreto a animosidade. Este primeiro pensamento é sobre a matéria, obviamente, mas no gênero.

BULÉFORO: Entendo.

NOSÓPONO: A isso sucede imediatamente a preocupação com as palavras. Folheio todas as epístolas possíveis de Cícero, consulto minhas anotações, escolho algumas expressões ciceronianas características, e em seguida alguns tropos, fórmulas e então os ritmos. Finalmente, munido plenamente dessas ferramentas, vejo que ornamentos poderia inserir, e em que lugares. Volto então sem demora à preocupação com as ideias. Pois descobrir sentidos para esses ornamentos verbais pertence já à arte!

HIPÓLOGO: Isso não é diferente de um excelente artífice que preparasse uma roupa magnífica e grande quantidade de joias, de anéis e de pedras preciosas para ela, e só depois forjasse uma estátua de cera à qual acomodasse esses ornamentos, ou, mais ainda, que ele a confeccionasse para os ornamentos!

BULÉFORO: E por que não? Mas vamos, Nosópono, acaso a noite inteira é dedicada a uma única epístola?

NOSÓPONO: Que dizes, uma?! Pareço ter sacrificado lindamente às Musas, se numa noite de inverno aviar um único período!

BULÉFORO: Então escreves cartas tão prolixas sobre um tema tão insignificante?

NOSÓPONO: Bem curtas, na verdade; para teu governo, de tal forma que não excedam o sexto período.

BULÉFORO: Logo, seis noites são suficientes para que as termines...

NOSÓPONO: Como se fosse o bastante tê-las escrito uma só vez! Deves refazer o que havias escrito dez vezes, avaliá-lo segundo os catálogos dez vezes, para que não se te escape talvez nem uma palavrinha ilegítima. Então, resta outra verificação de tropos e de fórmulas e, por último, dos ritmos e da composição.

BULÉFORO: Isto é que é concluir uma obra!

NOSÓPONO: Meu bom amigo, nem mesmo isso é ainda suficiente. Depois, aquilo que foi elaborado com o máximo de cuidado possível deve ser posto de lado por alguns dias,[51] para que, tendo se esfriado já o amor da invenção nesse intervalo, leias as coisas que são tuas como se fossem alheias. Então, afinal, aplica-se uma rigorosa censura. Esse julgamento severo e não corrompido é, como os gregos o chamam, *adékastos*,[52]

---

51 Quintiliano, *Institutio Oratoria* 10.4.2.
52 Em grego no original: incorruptível; equânime.

quando o escritor transforma-se de pai em areopagita.⁵³ Aqui ocorre inúmeras vezes que, apagando, não deixes nada.

BULÉFORO: Certamente assim te resultarão letras acuradas! Mas, nesse meio tempo, um outro usufrui dos livros desejados por ti...

NOSÓPONO: Prefiro suportar este inconveniente a que algo produzido por mim não seja ciceroniano. Que cada um seja guiado por seu julgamento! Eu prefiro escrever muito a escrever muitas coisas.

BULÉFORO: Conhecemos teu método de escrever. Com que meditação te preparas para falar?

NOSÓPONO: A primeira precaução é não falar latim com ninguém, tanto quanto possa evitá-lo.

BULÉFORO: Não falar latim?! Mas ensinam-nos que, falando, chegamos a falar bem.⁵⁴ É, de fato, um novo tipo de exercício se, calando-nos, aprendemos a falar!...

NOSÓPONO: Falando, resulta que falemos mais fluentemente, mas não à maneira ciceroniana. Aqueles que se preparam para uma corrida de cavalos proíbem o trote a seus cavalos de raça, para que estes cheguem ao dia decisivo com as forças intactas. E o caçador não solta a coleira do cão de raça antes de ter avistado a presa. Para tagarelar sobre bagatelas quaisquer, basta-me a língua francesa ou a holandesa;

---

53 Conselho superior de Atenas; sinônimo de autoridade moral, incorruptibilidade.
54 *De oratore* I.150.

não contamino a língua sagrada com conversinhas profanas e vulgares. Se acaso alguma circunstância pressiona a que se fale latim, falo pouco e não sem premeditação. E tenho preparadas algumas fórmulas para tal uso.

BULÉFORO: De que fórmulas falas?

NOSÓPONO: Como quando tens de saudar ou retribuir o cumprimento de um amigo culto que talvez tenhas encontrado por acaso, ou tens de saudar de volta alguém que te houvesse saudado, ou quando tens de parabenizar alguém por voltar de uma longa viagem ou por ter-se recuperado de uma grave enfermidade, ou agradecer a quem te fez um favor, ou desejar votos a alguém que acabou de se casar, ou lamentar o acontecido a alguém cuja esposa morreu. Para situações como estas preparei algumas fórmulas extraídas e combinadas a partir de Cícero e as decorei, para que possa usá-las segundo a ocasião. Além disso, se ocorre alguma situação em que eu não possa evitar proferir um discurso longo, em seguida limpo aquilo que manchei com muita leitura. Pois não me escapa quantas torpezas estou cometendo nesta conversação que agora estou mantendo convosco, e percebo quão grande é a perda para aquilo que almejo. Um mês de leitura dificilmente será suficiente para reparar o dano...

BULÉFORO: Mas e se houver tempo para refletires?

NOSÓPONO: Então aprendo de memória o que houver preparado, segundo os métodos que mencionei e, para que a memória me seja mais confiável, recito-o comigo mesmo várias vezes; e assim acontece que, quando a situação o exige, eu o pronuncie como se estivesse lendo algo escrito.

BULÉFORO: Mas e se uma necessidade exigisse um discurso de improviso?

NOSÓPONO: Como isso pode me acontecer, se não ocupo nenhum cargo público? E, se desempenhasse uma função pública, não sou melhor que Demóstenes, que nunca quis se levantar para discursar senão depois de se preparar, por mais que fosse instado a isso pelas vozes do povo.[55] E não consideraria uma vergonha para mim aquilo que se elogia no príncipe dos oradores entre os gregos; nem me arrependerei se alguém disser *ton luchnon apozein*.[56]

BULÉFORO: Quanto a mim, admiro o teu propósito tanto quanto respeito tua fortaleza de espírito, Nosópono, mais do que to possa dizer; também sentiria inveja, se um tão grande flagelo pudesse incidir até neste gênero de estudos, especialmente entre amigos e companheiros tão unidos. Ademais, uma vez que aquilo que almejamos é árduo, e o caminho é não apenas longo e muito difícil, mas também incerto, se houvesse propriamente algum perigo para ti, julgaria ser necessário para nossa amizade, que não é vulgar nem recente, velar pelo amigo com conselhos francos, a fim de que não assumisse em vão tantas preocupações, tantas vigílias, com prejuízo para sua saúde e suas posses. Ou então para que, tendo-as assumido, não lhe sobreviesse aquilo que vemos que acontece muito frequentemente nos assuntos humanos, e no final não encontrasse carvões, em lugar do tesouro por

---

55 Plutarco 8.3 conta que Demóstenes (384-322 a.C.), o maior orador ateniense, se recusava a discursar sem ter se preparado previamente.
56 "Cheirar a óleo de lâmpada", como disse de Demóstenes seu oponente Pytheas. Ibid.

tanto tempo e tão intensamente procurado... Mas agora, dado que somos todos movidos por igual desejo e estamos todos tomados do amor da mesma ninfa – pois até Hipólogo tem esta mesma intenção –, também será próprio de tua civilidade aceitar bem se te admoestamos algo, e, se tens algum conselho melhor, comunicá-lo de boa vontade aos amigos.

NOSÓPONO: É justíssimo o que postulas, Buléforo; por isso, não te escutarei com pesar nem com malevolência e, se puder aconselhar algo, reparti-lo-ei convosco.

BULÉFORO: Eis a primeira coisa em que, em minha opinião, estou de acordo contigo: aquele que aspira à glória oratória e literária deve, tendo antes conhecido e aprendido diligentemente os preceitos da arte por meio de muitos escritores renomados, escolher o melhor a quem imitar e a quem sua expressão se conforme.

NOSÓPONO: Exatamente.

BULÉFORO: E que não há ninguém, ao menos entre os latinos, que seja superior em mais virtudes da eloquência que Marco Túlio, de quem se disse com todo direito o mesmo que de Apeles,[57] a saber, que somente nele se encontrava reunido tudo aquilo que nos demais pintores era exímio e singular.

NOSÓPONO: Quem o negará?

BULÉFORO: Desculpar-me-ás, Nosópono, se eu argumentar de forma mais grosseira e tosca, pois desconheço os rudimentos da dialética...

---

57 Pintor do século IV a.C., o mais famoso da Antiguidade. Alexandre, o Grande, fez-se retratar por ele.

NOSÓPONO: Entre amigos convém levar tudo a bem. Não obstante, e por tudo o mais, para mim argumenta com suficiente argúcia aquele que argumenta segundo a verdade.

BULÉFORO: Vamos, então! Que pensas de Zêuxis de Heracleia?[58]

NOSÓPONO: Que mais, senão que é digno de ser o mais excelente artífice da pintura?

BULÉFORO: Pensas que seu talento e critério tinham valor?

NOSÓPONO: Como poderia uma arte tão grande carecer de critério?

BULÉFORO: Respondes bem! Que lhe vinha à mente, então, quando, ao ter de pintar para os crotonienses o retrato de Helena, no qual havia decidido empregar toda a arte que estivesse a seu alcance e produzir o exemplar perfeito da beleza dessa mulher (pois neste ponto se lê que superou aos demais) e o mais parecido possível à viva, na qual nenhum de seus encantos podia deixar a desejar, recorreu não a uma única modelo que fosse a mais bela de todas, mas, dentre todas aquelas que se apresentaram, escolheu algumas que se destacavam das demais e tomou de cada uma delas aquilo que nela fosse o mais belo, para assim concluir afinal aquele admirável monumento de sua arte?

---

58 Famoso pintor antigo, ativo de 435 a 399 a.C. Ao ser chamado para fazer o retrato de Helena para o templo de Crotona, pintou a parte mais bonita do corpo de cada modelo, a fim de forjar a beleza perfeita. Por isso, já foi mencionado pelo próprio Cícero (*De inuentione* 2.1-2) como analogia para a imitação.

NOSÓPONO: Cumpriu com o dever de um pintor muito diligente.

BULÉFORO: Vê, pois, se somos conduzidos por um julgamento correto, quando pensamos que a imagem da eloquência deve ser tomada somente de Cícero, por mais excelente que este seja.

NOSÓPONO: Se Zêuxis houvesse encontrado uma donzela de beleza tão grande quanto aquela que há na eloquência de Marco Túlio, talvez tivesse se contentado com o modelo de só um corpo.

BULÉFORO: Mas de que modo poderia ter feito esse julgamento, a menos que houvesse examinado cuidadosamente muitos outros corpos?

NOSÓPONO: Supõe que me convenceste...

BULÉFORO: Então, és da opinião de que nos demais oradores não há nenhuma virtude digna de imitação que em Marco Túlio não seja exímia?

NOSÓPONO: Assim penso.

BULÉFORO: E que não há nele um defeito que não seja maior nos demais?

NOSÓPONO: Assim é, de fato.

BULÉFORO: Não citarei aqui Marco Bruto,[59] que desaprovava como um todo o gênero de oratória que para Cícero

---

59 Marcus Iunius Brutus (85-42 a.C.), filósofo e orador, amigo de Cícero e o Brutus do tratado. Um dos assassinos de César, foi imortalizado na famosa "tu quoque, Brute?".

parecia ser o melhor; e, embora o estado e as propostas de divisão, como se fossem colunas da causa inteira, sejam as partes principais do discurso, no seu *Em defesa de Milão*,[60] que todos admiram tanto, Bruto não aprovou o estado de causa primário e secundário empregado por Cícero, mas deu um tratamento diferente a essa mesma causa.[61] Não trarei à baila Pompônio Ático,[62] cujas marcas de unha e de lápis vermelho com que costumava marcar as coisas a que ele objetava nos escritos de Marco Túlio eram temíveis para Cícero, como ele mesmo escreve; tampouco mencionarei Marco Catão,[63] que chamou Cícero de ridículo, quando este se mostrou muito festivo. Até agora mencionei homens de peso e amigos de Cícero. Se acrescentasse aqui Galo,[64] Lárcio,[65] Licínio,[66]

---

60 *Pro Milone*. Milão, acusado da morte de Clódio, seu rival, em 53 a.C. Cícero estava nervoso diante da hostilidade que encontrou no tribunal e o réu, prevendo sua condenação, retirou-se para o exílio.

61 O discurso, escrito como exercício retórico, não chegou até nós. Ver Quintiliano, *Institutio Oratoria* 3.6.93, 10.1.23.

62 Titus Pomponius Atticus (110-32 a.C.), amigo a que Cícero escreveu cartas. Escreveu, entre outras obras, um *Commentarium* sobre o consulado de Cícero.

63 Marcus Porcius Cato, o Catão de Útica (95-46 a.C.), conhecido por sua defesa intransigente de valores morais elevados. Estoico, suicidou-se para não se submeter a César. Cícero escreveu uma *laudatio* em sua memória.

64 Gaius Asinius Gallus, o qual comparou Cícero a seu pai, Asinius Pollio, com desvantagem para o primeiro. Ver Aulus Gellius 17.1.1, Plínio, *Epístolas* 7.4.3 ss e Quintiliano, *Institutio Oratoria* 12.1.22.

65 Lartius ou Largius Licinius, autor de *Ciceromastix*, "o açoite de Cícero", atacando o estilo do Arpinate. Ver Aulus Gellius 17.1.1.

66 Pode tratar-se de Licinius Macrus, adversário de Cícero, ou de seu filho, Licinius Macrus Caluus.

Céstio,⁶⁷ Calvo,⁶⁸ Asínio;⁶⁹ se acrescentasse Célio⁷⁰ e Sêneca⁷¹ e muitos outros, que não apenas não disseram nada de magnífico acerca do talento de Cícero, como até condenaram seu estilo oratório, tendo alguns o chamado de árido, estéril, seco, exangue, frouxo e solto, mole e pouco viril, enquanto outros o tachavam de inchado, asiático⁷² e redundante de coisas supérfluas, responder-me-ás então que tais eram as opiniões dos inimigos ou invejosos que, expulsos pela proscrição⁷³

---

67 Lucius Pius Cestius, crítico severo do estilo de Cícero. Escreveu réplicas a vários discursos famosos de Cícero. Ver Quintiliano, *Institutio Oratoria* 10.5.20.
68 Gaius Licinius Caluus, opositor de Cícero na questão do estilo. Ver Quintiliano, *Institutio Oratoria* 12.1.22 e Tacitus, *Dialogus de oratoribus* 18.5.
69 Gaius Asinius Pollio, "um anticiceroniano implacável", nas palavras de Knott (nota 92, p.551). Ver Quintiliano, *Institutio Oratoria* 12.1.22 e Sêneca o Jovem, *Suasoriae* 6.14. Construiu a primeira biblioteca em Roma.
70 Marcus Caelius Rufus, amigo e correspondente de Cícero. Acusado por tentativa de envenenamento de Clódia (que, por sua vez, teria sido a Lésbia dos poemas de Catulo), foi defendido por Cícero com o discurso *Pro Caelio*, ainda conservado. Talvez Erasmo o tenha incluído nesta lista por ter sido associado a Calvo por Tácito em *Dialogus de oratoribus* 17.1 (nota 93 de Knot, ibid.).
71 Lucius Aeneus Seneca (2 a.C.-65 d.C.), o filósofo estoico e tragediógrafo que, tendo sido tutor e conselheiro de Nero, foi levado ao suicídio pela acusação de ter tomado parte na conjuração de Pisão. Criticou Cícero nas *Epistolae morales* 114.16.
72 Seguidor do estilo "asiático", em contraposição ao "ático". Asianistas e aticistas foram as duas grandes correntes oratórias romanas no tempo de Cícero.
73 As *proscriptiones* eram listas de nomes de pessoas que, a partir de então, eram consideradas inimigos públicos e que portanto poderiam ser mortos sem que os assassinos respondessem por isso.

triunviral,[74] também se esforçaram, se não para extinguir sua fama, certamente para obscurecê-la.

NOSÓPONO: Bem o adivinhas! Pois haveria de responder exatamente isso, e julgo que essa resposta estaria plenamente justificada.

BULÉFORO: Estas opiniões certamente devem ser atribuídas ao ódio ou à inveja; mas certamente concordarás, creio eu, com todos os eruditos em que a graça ou o riso são parte da arte retórica.

NOSÓPONO: Se não fosse assim, que necessidade haveria de que os oradores dessem tantos preceitos a respeito?[75]

BULÉFORO: Ninguém nega que Cícero teve muito senso de humor; uns afirmam até que era excessivo, inoportuno e próximo à bufonaria. É certo que houve quase um consenso entre os entendidos de que lhe faltava medida, do mesmo modo que a Demóstenes lhe faltava força.[76] Mas Quintiliano não o combate, absolutamente, e põe a culpa em Tirão,[77] por ter sido indulgente demais quanto ao número de ditos espirituosos e por ter aplicado mais empenho em amontoá-los do que bom senso ao escolhê-los. No entanto, esta acusação contra Tirão recai também sobre seu senhor. Mas, seja como

---

74 O triunvirato foi uma coalizão, estabelecida em 43 a.C., formada por Marco Antônio, Lépido e Otávio (o futuro Augusto).

75 Por exemplo, Quintiliano, *Institutio Oratoria* 6.3.1 ss e o próprio Cícero, *De oratore* 2.217-90.

76 Quintiliano, *Institutio Oratoria* 6.3.2.

77 Marcus Tullius Tiro, ex-escravo, secretário e colaborador de Cícero e possível responsável por ditos espirituosos, pois recolheu cartas e demais escritos de Cícero após a morte deste.

for, quem jamais atribuiu a Marco Túlio a primazia nesse tipo de habilidade? Tratava-se de uma habilidade peculiar dos lacedemônios e, em seguida, dos atenienses.[78] A tal ponto que o poema bucólico e a comédia é que são muitíssimo valorizados pelo dito engraçado e pelo gracejo, e os latinos nem sequer chegaram perto de tais encantos.[79] É, portanto, uma virtude oratória que deverias buscar mais corretamente em outros autores do que em Cícero.

NOSÓPONO: Estamos falando dos latinos!

BULÉFORO: Vamos lá! Ousaremos acaso comparar as brincadeiras de Cícero com os ditos espirituosos de Caio César ou de Otávio César?[80]

NOSÓPONO: Eu dificilmente ousaria algo que ninguém entre os doutos ousou até agora.

BULÉFORO: Sendo assim, se a circunstância exigisse um estilo humorístico, não me seria lícito copiar algum dos ditos espirituosos de Otávio?

NOSÓPONO: Não, se quiseres ser considerado ciceroniano...

BULÉFORO: Mudando de assunto, quero saber de ti se colocas os aforismos entre os ornamentos do discurso.

NOSÓPONO: São pedras preciosas tão brilhantes que estou longe de removê-las da arte retórica.

---

78 Lacedemônios, ou dórios; sobre eles e os atenienses, Cícero, *De oratore* 2.217.
79 Como o admite Quintiliano, *Institutio Oratoria* 10.1.100.
80 Vários ditos engraçados de ambos podem ser recolhidos, por exemplo, em Suetônio e Plutarco.

BULÉFORO: Apelo aqui a teu bom senso: acaso Cícero ultrapassa todos os demais autores nesse tipo de habilidade?

NOSÓPONO: Não é segredo para mim que, nesse quesito, Sêneca preferiu o mimógrafo Públio[81] a todos os outros. Mas aquilo que a Sêneca lhe pareceu não deve ser considerado como um oráculo, pois ele mesmo, em suas sentenças, mostra-se imoderado e entrega-se a certas frivolidades.

HIPÓLOGO: Esta crítica de Quintiliano[82] e de Aulo Gélio[83] poderia ser refutada, porque, ao que parece, um e outro consideravam Sêneca odioso, um por rivalidade e o outro pela semelhança de seu talento e de seu estilo.

BULÉFORO: No entanto, o próprio Gélio, ainda que seja pouco justo, confessa que há, entre os aforismos de Sêneca, alguns que não se poderia melhorar.[84] Nem é possível que todos sejam igualmente felizes, quando todos os seus escritos estão amarrados com aforismos. Mas, dentre eles, encontrarás algum para imitar mais facilmente que em outros autores, nos quais os aforismos não são nem numerosos nem brilhantes. Mas vamos adiante. Acaso o tema não exige às vezes brevidade?

NOSÓPONO: Talvez...

---

81 Em *Epistolae morales* 8.8-10 e em *De tranquilitate animi* 11.6, Sêneca menciona Públio ou Publírio Siro, autor ou coletor de várias máximas famosas. Erasmo editou um volume delas em 1514.
82 10.1.125 ss.
83 *Noctes atticae* 12.2.13.
84 Ibid., 12.2.13-14.

BULÉFORO: E em quem buscarás mais corretamente exemplo de concisão: em Salústio[85] e em Bruto[86] ou em Cícero?

NOSÓPONO: Cícero não aspirou à concisão.

BULÉFORO: Elogia-se em Demóstenes a força oratória,[87] isto é, seu estilo enérgico e natural; em qual dos dois buscaremos melhor esta qualidade?

NOSÓPONO: Tratávamos dos autores latinos.

BULÉFORO: Mas estas coisas são comuns a todas as línguas! Por outro lado, a questão às vezes requer seriedade... Em quem mais corretamente buscaremos exemplo dela, em Cícero, em Bruto[88] ou Polião?[89]

HIPÓLOGO: Responder-te-ei por ele: naqueles que foram notáveis por essa característica.

BULÉFORO: Quando se deve explicar por partições[90] um negócio enrolado, em quem buscaremos um modelo: em

---

85 Gaius Sallustius Crispus (86-34 a.C.), conhecido por seu estilo condensado.
86 Como seus escritos não chegaram até nós, consultar Quintiliano, *Institutio Oratoria* 9.4.76, 10.1.123, 12.10.11; ver também Tácito, *Dialogus de oratoribus* 25.
87 Quintiliano, *Institutio Oratoria*, 12.10.23.
88 Ibid., 9.4.76, 12.10.11.
89 Chegaram até nós apenas fragmentos seus. Ver Quintiliano, ibid., 10.1.113 e Sêneca, *Epistulae morales* 100.7.
90 As *Partições Oratórias*, obra de Cícero, divide a eloquência em gêneros (*deliberatiuum, iudiciale, demonstratiuum*); em seguida, divide o discurso em partes (*exordium, narratio, argumentatio, peroratio*) e, por fim, subdivide as fases da composição de um discurso (*inuentio, dispositio, elocutio, memoria, actio*).

Cícero ou em Hortênsio[91] (ou em alguém parecido a Hortênsio)?

NOSÓPONO: Que buscaremos em um autor de quem não resta nada além de sua memória?

BULÉFORO: Mas, em prol de nossa discussão, imaginemos que sua obra permanece.

NOSÓPONO: Não há necessidade de imaginar nada; ocupemo-nos dos textos reais que chegaram até nós!

BULÉFORO: Ninguém negaria que a credibilidade é a qualidade principal em um orador. Uma boa opinião acerca de sua probidade e seriedade a garante, e a suspeita de artifício ou intemperança a enfraquece. Vá lá que Cícero seja considerado "homem bom" – o que Fábio,[92] ainda que muito favorável a ele, a duras penas ousa atribuir-lhe... Mas o que não se pode dissimular é a maneira como ostenta sua arte em excesso, recorda com jactância muitas coisas sobre si mesmo e investe contra os outros com maior licença do que Catão, Bruto ou Célio,[93] a quem Quintiliano atribui retidão. Assim, acaso não buscaremos exemplo destas qualidades mais convenientemente em Aristides, Focião,[94] Catão ou Bruto do que em Cícero?

---

91 Quintus Hortensius Hortalus, de quem Cícero ocupou o lugar de maior orador romano. Considerado o maior representante do asianismo em Roma. Cícero discute seu estilo em *Brutus* 301-3, 302, 317 e 320-6.

92 Quintiliano, *Institutio Oratoria* 12.1.14 ss.

93 Erasmo confunde Célio com Calvo, a quem Quintiliano mencionara havia pouco e a quem atribui essa qualidade. 10.1.115, 12.10.11.

94 Aristides e Focião foram ambos conhecidos por sua justiça, prudência e integridade.

NOSÓPONO: Pareces ter chegado a isto por teres premeditado o vitupério de Cícero...

BULÉFORO: De modo algum, Nosópono! Se aguardares pacientemente o final de minha fala, entenderás que se trata não apenas da causa de Cícero, mas também da nossa. A de Cícero, para que não aconteça que, se talvez o imitarmos mal, obscureçamos sua glória, da mesma forma que os pintores inábeis costumam reproduzir aqueles cujo retrato desenharam de forma diferente da que convém; e da nossa, para que não coloquemos mal os objetos de nosso amor e assim nos sobrevenha o ridículo de forma não menos infeliz do que se conta que lhe tocou a Íxion, que abraçou uma vã imagem de nuvem, em lugar de sua bem-amada Juno, ou a Páris, que fez a guerra durante dez anos pela Helena que havia raptado, enquanto abraçava uma falsa imagem de Helena, a qual na verdade estava longe, levada para o Egito por artifício dos deuses.[95] Que haveria de maior infelicidade ou maior ridículo para nós se, com tantos esforços, não conseguíssemos alcançar senão uma sombra vazia e falaz de Cícero?

NOSÓPONO: Que os deuses nos afastem deste presságio!

BULÉFORO: Que no-lo afastem, digo-o, enquanto nos ocupamos de que nada semelhante nos aconteça!

NOSÓPONO: Também ajuda à imitação de Cícero ter a melhor opinião possível sobre Cícero...

---

95 Imaginando que se unia a Juno, Íxion abraçou uma nuvem e nela gerou centauros. Helena, a esposa de Menelau raptada por Páris, aqui na versão de Eurípides.

BULÉFORO: Nova ingenuidade, se tivermos sobre Cícero uma opinião melhor que a que ele mesmo teve sobre si! Mas, se falou de si mesmo com mais parcimônia,[96] que isto se atribua à sua modéstia; pois quem dos antigos alguma vez admirou Cícero a ponto de pensar que somente nele deveriam ser buscados todos os ornamentos do discurso?

NOSÓPONO: No entanto, há hoje uma maioria para quem esta opinião predomina.

BULÉFORO: Não dou a mínima para a maioria. Creio que nenhum desses homens é sensato ou verdadeiramente culto. Com qual dos mortais a natureza alguma vez condescendeu tanto, ainda que em uma só disciplina, a ponto de que ele, sozinho, sobrepuje a todos em todas as suas partes, a ponto de não ter deixado nada desejável faltar nele ou ter-lhe dado tanto que ele não possa ser superado pelos demais? Isto é ainda mais incrível com respeito à faculdade oratória, que se constitui de quase todas as disciplinas[97] e que requer tantos outros elementos que ninguém pode ensinar com preceitos! Suponhamos que Cícero e alguém muito parecido com Tracalo[98] vivessem hoje em dia: em qual dos dois preferirias buscar a moderação da voz, em Cícero ou em Tracalo? Opino que neste último, que nesta parte é preferível a todos. Em quem dos dois, se estivessem vivos, preferirias buscar uma

---

96 *Orator* 104 ss.
97 *De oratore* 1.20.
98 P. Galerius Trachalus, cônsul em 68 d.C., orador conhecido por sua bela voz. Ver Quintiliano, *Institutio Oratoria* 11.1.17 ss ou 10.1.119; 12.5.5.

espécie de pudor ou de modéstia, em Crasso[99] ou em Cícero? E, para não citar um por um, acaso não tirarias de cada um deles aquilo em que estivesse à frente dos demais?

HIPÓLOGO: Quem não escolheria o melhor, a não ser aquele que carecesse de discernimento ou que quisesse mal a si mesmo?

BULÉFORO: Sendo assim, aprovo o exemplo de Zêuxis, exemplo que é seguido também por Quintiliano, quando prescreve ao imitador[100] que não haverá de ler só um autor, nem todos, nem uns quaisquer, mas sim que, dentre os principais, deve escolher alguns excelentes. E dentre estes concede a primazia a Cícero,[101] mas não desacompanhado. Pois quer que Cícero seja o autor supremo entre os melhores, mas não o único, com a exclusão dos outros.[102]

NOSÓPONO: Se prestarmos atenção aos conselhos de Quintiliano, acontecerá conosco o mesmo que aconteceu a ele...

BULÉFORO: O quê?

NOSÓPONO: Que cheguemos a ser pouco ciceronianos. Outro é nosso propósito e objetivo.

BULÉFORO: Acaso será pouco ciceroniano aquele a quem ocorrer algo que não tenha sido tirado de Cícero?

---

99 Lucius Licinius Crassus, orador anterior a Cícero, que fala dele com admiração, por exemplo, em *Brutus*.
100 Quintiliano, *Institutio Oratoria* 10.2.24 ss ou 12.10.4-5.
101 Ibid., 2.5.20.
102 Ibid., 10.2.24-25.

NOSÓPONO: Assim dizem.

BULÉFORO: Mesmo se a expressão tirada de outro autor for melhor ou se realmente nem existir em Cícero?

NOSÓPONO: Por que não?

BULÉFORO: Mas, excelente Nosópono, gostaria que pensasses nesse ínterim em quão grande parte dos volumes ciceronianos perdeu-se e, entre eles, sua divina obra *Sobre a República*,[103] cujo fragmento, conservado não sei por que acaso, atormenta nossos espíritos com nada além do que o desejo pelos volumes restantes, pois podemos avaliar a partir daquele o que estes foram, se, como dizem, pelas unhas se conhece o leão.[104] E isso para não mencionar tantos livros de cartas, tantos discursos roubados pela injúria dos tempos, os três volumes em que, conta-se,[105] o liberto Tirão reuniu as brincadeiras e ditos espirituosos de Cícero e a perda dos demais escritos deste homem. Como podes, então, ser um perfeito ciceroniano se não leste tão numerosos escritos dele? Acrescenta que Cícero não tratou de todas as matérias. Logo, se acaso fosse necessário falar desses temas em que ele não tocou, de onde, enfim, tiraríamos nossa bagagem discursiva? Acaso iríamos aos Campos Elíseos[106] para perguntar a ele mesmo com que palavras ele teria dito tais coisas?

---

103 No século XVI, somente se conhecia o Sonho de Cipião, preservado por sua inspiração platônica. O restante da obra foi recobrado apenas em 1820.
104 *Adagia* I.9.34.
105 Quintiliano, *Institutio Oratoria*, 6.3.5.
106 O lugar das almas bem-aventuradas após a morte.

NOSÓPONO: Tratarei somente dos temas que possam ser explicados com palavras de Túlio.

BULÉFORO: Quê? Acaso não julgas Cícero o mais exímio dos oradores?

NOSÓPONO: Mais do que o mais exímio.

BULÉFORO: E então? Não julgas Apeles o melhor dos pintores?

NOSÓPONO: Assim dizem e o creio.

BULÉFORO: Acaso chamarias apelesiano àquele que não pudesse reproduzir as imagens de coisas quaisquer, mas somente aquelas que Apeles houvesse pintado antes? E mais, a quem não tivesse visto todos os quadros pintados pela mão de Apeles?

HIPÓLOGO: Quem diria isso, a não ser aquele a quem agrada o pintor de que zomba Horácio?[107] Esse pintor, contratado para pintar um naufrágio por um determinado preço, pintou um cipreste e perguntou ao indignado contratador que mais queria que pintasse, saindo do cipreste...

BULÉFORO: Que mais é ser ciceroniano senão ser semelhante a ele o máximo possível?

NOSÓPONO: Nada mais do que isso!

BULÉFORO: Parece-te semelhante a Cícero quem não pode falar senão de certas matérias?

NOSÓPONO: Continua.

---

107 *Arte poética* 19-ss.

BULÉFORO: Por mim, não o consideraria sequer digno do título de orador. Se Cícero pôde falar excelentemente de qualquer tema, para mim será ciceroniano aquele que seja capaz de dissertar claramente sobre qualquer tema; da mesma forma, o mais semelhante a Apeles será aquele que puder sombrear com seu pincel as formas dos deuses, dos homens, dos seres animados, enfim, de todas as coisas.

NOSÓPONO: Bem, eu considero que é muito mais bonito escrever três epístolas em estilo ciceroniano do que cem volumes em um estilo tão elegante quanto queiras, mas discrepante com o de Cícero.

BULÉFORO: Mas se esta opinião, Nosópono, se assentasse em nosso ânimo, temo que não apenas não chegaríamos a ser ciceronianos, mas ainda que pareceríamos insensatos ao próprio Cícero. Que me respondas com franqueza, por favor: crês que Cícero deva ser reproduzido inteiro ou mutilado?

NOSÓPONO: Inteiro, quão grande é, e somente a ele.

BULÉFORO: Como inteiro, se ele não se revelou inteiramente? E mais: como, se aquela parte em que se tornou mais conhecido para nós é onde está mutilado e apenas cortado pela metade? Acrescenta o fato de que, mesmo quanto aos livros que restam, muitas vezes não estava satisfeito. Por exemplo, condenou, por assim dizer, os livros *Sobre a invenção*,[108] substituindo-os por *Orator*. E chama o discurso *Em defesa de Deiótaro* de obra insignificante.[109] Além disso, nas obras que somente escreveu, mas não revisou, como os livros

---

108 *De oratore* 1.5; ver também Quintiliano, *Institutio Oratoria* 3.6.60.
109 *Ad familiares* 9.12.2.

Sobre as leis,¹¹⁰ além de muitas outras, o próprio Cícero não é ciceroniano. Logo, como acontecerá de imitarmos inteiro, quão grande é, aquele a quem temos mutilado e incompleto, e, em alguns pontos, tosco e dessemelhante a si mesmo? A não ser que aproves talvez aquele que, imitando os quadros apenas esboçados de Apeles ou as estátuas de Lisipo¹¹¹ ainda sem polir, esperam chegar a tornar-se um outro Apeles ou Lisipo. Se o próprio Apeles, que dizem ter sido homem de natureza cândida e espontânea, contemplasse isso, acaso não exclamaria: "que fazes, *kakozehle*?¹¹² Este não é Apeles!"? Já se alguém tivesse se proposto a reproduzir uma insigne estátua de Lisipo à qual a ferrugem houvesse estragado o queixo ou rosto ou na qual o artista não tivesse podido dar a última demão a essa parte, levaria a mal tomar o exemplo dessa parte de qualquer outro artista, ou antes preferiria imitar aquele como está, estragado e imperfeito, para não se afastar do modelo a que se dedicou, para suprir o que falta a partir da efígie de outro artista?

NOSÓPONO: Da forma que pudermos, dizem,¹¹³ quando é impossível da forma que queremos...

BULÉFORO: Esta resposta, Nosópono, será empregada mais corretamente por aqueles que tiram de outros escritores para remendar o que em Cícero está cortado. Prefeririam, claro, tirar tudo somente dele, quer porque é mais fácil, quer porque

---

110 Provavelmente publicado apenas após a morte de Cícero.
111 Escultor grego do século IV a.C., citado por Plínio, *Naturalis historia* 34.61-5.
112 Em grego no original: homem de mau gosto ou sem critério.
113 Terêncio, *Andria* 805.

ninguém se expressou melhor do que ele; mas, uma vez que isso não é possível, tomam emprestado de outros autores. E mais: temos um Cícero não somente incompleto e dilacerado, mas também a tal ponto alterado que creio que nem ele mesmo, se voltasse à vida, reconheceria seus escritos nem poderia reconstituir aqueles que a audácia, a incúria e a ignorância de copistas e semidoutos corromperam, mal que Poliziano[114] imputa sobretudo aos teutônicos. Embora não queira defendê-los aqui, penso que não menos erros foram introduzidos por certos italianos atrevidos e sabichões. Isso para não mencionar os escritos apócrifos e que, com título falso, enganam que Cícero é seu autor. São desse tipo os quatro livros da *Retórica a Herênio*,[115] de um homem de modo nenhum inculto, mas, se comparado a Cícero, balbuciante. Há também entre seus discursos alguns que não parecem ter sido escritos por Cícero, mas compostos por um erudito qualquer, para exercitar sua eloquência. Recentemente acrescentou-se o discurso *Em defesa de Marco Valério*,[116] tão abundante em solecismos que está longe de poder ser chamado de ciceroniano. E não faltam aqueles que tomam como discurso ciceroniano a *Declamação* de Pórcio Latrão[117] contra Catilina. Ademais, se nos entregássemos

---

114 Carta a Bartolomeo Scala (*Politiani epistolae* 5.1): "*cum tamen ipsi voces omnino barbaras pro Ciceronianis usurparent, quas videlicet excursores isti novorum librorum Teutones perversissime aliquando effinxissent* [...]".
115 Os quatro livros da *Retórica a Herênio* foram atribuídos a Cícero, mas sua autoria foi contestada desde Lorenzo Valla, permanecendo em aberto.
116 *Pro Marco Valerio*. Cícero fez a defesa de Marco Valério Messala, acusado de corrupção, em 54 a.C., mas restam apenas fragmentos de autoria contestada.
117 Porcius Latro, professor de Retórica no século I a.C. Citado por Quintiliano, *Institutio Oratoria* 9.2.91 e 10.5.18. Mais recentemente,

com devoção de alma à imitação apenas de Cícero, para, sem discriminação, reproduzirmos o que quer que descobrirmos nele, acaso não nos exporíamos ao grave perigo de, por mais que nos torturássemos muito e por longo tempo, acabarmos finalmente por abraçar e imitar vozes góticas ou os solecismos dos teutônicos, em vez dos ornamentos de Cícero?

NOSÓPONO: Que as Musas afastem este mal!

BULÉFORO: Temo que, se as Musas dormirem, isso nos ocorrerá frequentemente, Nosópono... Pois vimos esta brincadeira mais de uma vez:[118] extraído um fragmento de Cícero, acrescentava-se-lhe o nome de algum alemão. Como zombavam quando aqueles que se arrogavam muito ciceronianos o chamavam de bárbaro! Ou, ao contrário, divulgava-se em público alguma coisa escrita na véspera, acrescentando-lhe o nome de Cícero, e se inventava que era um exemplar descoberto em uma biblioteca muito antiga. Como o cobriam de beijos, como adoravam aquela divina e inimitável frase de Cícero! E que dizer do fato de que os eruditos não negam que há nos escritos de Cícero solecismos imperdoáveis, tais quais os que outrora escaparam e também hoje escapam aos homens eruditos, quando, distraído o seu pensamento com assuntos diversos, recordam mais o sentido do antecedente do que as palavras, e decorre daí que a cláusula do período não corresponde com o que veio antes. Algo deste tipo: *diuitius commorans*

---

a autoria da *Declamatio in Catilinam* deixou de ser atribuída também a ele.
[118] Um exemplo: em sua carta a Pietro Bembo, Gianfrancesco Pico della Mirandola conta de um homem que confundiu os críticos ao forjar correspondência de Cícero.

Athenis, quoniam venti negabant solvendi facultatem, erat animus ad te scribere, "demorando-me mais tempo em Atenas, uma vez que os ventos me negavam a possibilidade de zarpar, minha vontade era escrever-te". No começo, revolvia na cabeça "queria" (*uolebam*) ou "havia decidido" (*statueram*); depois, lhe agradou mais "minha vontade era" (*in animo erat*), palavras que produzem o mesmo significado, mas que concordam pouco com as que as precederam. Melhor ainda: Aulo Gélio, no livro VI, capítulo XV, cita um passo do livro II do *Sobre a glória*, de Cícero,[119] onde este claramente tropeçou, atribuindo alguns versos homéricos da *Ilíada* a Ájax, quando ali são ditos por Heitor. Acaso nos esforçaremos para emular também isto? Sem dúvida teremos de fazê-lo, se reproduzirmos Cícero inteiro. Ademais, já foi observado e registrado[120] que Cícero disse expressões que nenhum douto julgou dignas de imitação, como quando diz *in potestatem esse*, em vez de *in potestate esse*,[121] "estar em poder de". E pode muito bem acontecer que esse famoso *-tem* em lugar de *-te* tenha sido feito no manuscrito por um deslize da pena ou por outra eventualidade qualquer, ou ainda que um copista sonolento o tenha introduzido em outros exemplares. Em outra ocasião,[122] Marco Túlio difamou o termo *piissimus*, de *pius*, usado em um edito de Marco Antônio, como uma palavra bárbara e inaudita para os latinos, quando tal forma é encontrada nos escritores mais confiáveis de língua latina. Da mesma forma, repreende como solecismo

---

119 *De gloria* não sobreviveu à Idade Média.
120 Aulus Gellius, 15.7.
121 O uso normativo é o ablativo, uma vez que *in* seguido de acusativo indica movimento, "em direção a".
122 *Filípicas* 13.43.

em Antônio[123] que este tenha escrito *facere contumeliam*, "fazer uma afronta", porque dizemos em latim *facere iniuriam*. Mas em Terêncio, se não me engano o melhor autor da elegância romana, Taís[124] fala assim: *nam si ego digna hac contumelia sim maxime, at tu indignus qui faceres tamen*, "pois, ainda que eu seja muito digna desta afronta, tu, entretanto, eras indigno de fazê-la"; pois creio que, tacitamente, se repete *contumeliam*. Da mesma forma, absteve-se das formas *nouissime* e *nouissimus*, como se soassem mal aos latinos, embora Marco Catão[125] e Salústio não tenham hesitado em usá-las. Como o atesta Aulo Gélio,[126] Marco Túlio tinha esse escrúpulo também com respeito a muitas outras expressões que bons autores latinos, antes e depois dele, usaram frequentemente. Conta-se ainda que escrevia *ss* sempre que antecedia uma vogal longa, como em *caussa, uisse, remissi*,[127] em vez de *causa, uise, remisi*. Acaso, então, se imitarmos Cícero inteiro, abster-nos-emos destas formas que só não agradaram a Cícero, contrariamente à opinião dos homens mais doutos, ou seguiremos aquelas que nenhum conhecedor quis imitar nem pôde justificar?

HIPÓLOGO: Sem dúvida, é próprio dos amantes cobrir de beijos até as verrugas daquelas a quem amam...[128]

---

123 *Filípicas* 3.22. Quintiliano, *Institutio Oratoria* 9.3.13, considera que Antônio deveria ter empregado *adficere contumeliam*, em vez de *facere contumeliam*.
124 *Eunuchus* 865-6.
125 Catão o Jovem (234-149 a.C.), o mais antigo orador latino que chegou até nós.
126 Aulus Gellius 10.21.1-2.
127 Quintiliano, *Institutio Oratoria* 1.7.20.
128 Horácio, *Sátiras* 1.3.39-40.

BULÉFORO: Então, se há de ser imitado em tudo, escreveremos, a exemplo dele, versos "sem as Musas e sem Apolo"?[129]

NOSÓPONO: Excluo a poesia.

BULÉFORO: Excluis certamente uma boa parte da cultura quando excluis a poesia! No mais, o que nos impede de empregar essa exceção também naquelas virtudes em que Cícero é superado pelos demais, assim como em todo este gênero é inferior a muitos, para não dizer a todos?[130] Quantos versos tirados de Homero, Sófocles e Eurípides misturou em seus escritos, mas de forma pouco feliz, arrogando-se nos versos iâmbicos, contra o exemplo dos gregos, aquela liberdade que os escritores latinos de comédia se permitiram! Tu, se quiseres fazer algo parecido, acaso hesitarás em traduzir esses passos de forma mais feliz, se puderes, e com menos licença, para que não fiques pouco parecido a Cícero? Acaso não desonra a prosa aquele que, ao traduzir versinhos, torna-os seus e mescla-os com o resto do discurso, ainda que pouco congruentes? Então, já que muitas vezes salpica em seus livros versos de Ênio, Névio, Pacúvio e Lucílio,[131] os quais têm o sabor daquela antiguidade áspera e inculta, tu terás escrúpulos

---

129 Marcial 2.89.3-4: "carmina quod scribis Musis et Apolline nullo / laudari debes: hoc Ciceronis habes" (Escreves versos sem as Musas e sem Apolo. Deves ser elogiado por isso: tens isso de Cícero!).

130 Quintiliano, *Institutio Oratoria* 11.1.24. Sêneca o Jovem (*Controversiae* 3 prefácio 8) nota que a eloquência de Cícero o abandonava quando ele escrevia versos.

131 Poetas antigos, que Cícero admirava e cujos fragmentos muitas vezes nos chegaram graças apenas a suas menções. Sêneca criticou o uso que o orador fez desses poemas. Ver Aulus Gelius 12.2.3 e Quintiliano, *Institutio Oratoria* 1.8.11.

em citar versos semelhantes, ou antes dessemelhantes, de Virgílio, Horácio, Ovídio, Lucano ou Pérsio,[132] cujas obras têm não apenas menos aspereza, mas também mais elegância e erudição? Acaso temerás então parecer diferente de Marco Túlio?

NOSÓPONO: Certamente, em nada nos afastaremos daquele a que tentamos imitar por todos os meios.

BULÉFORO: Mas que necessidade há de ser sempre e por todos os meios similar a ele, quando muitas vezes seria melhor ser seu igual e às vezes seria mais fácil superá-lo que igualá-lo, isto é, escrever coisas melhores, em vez de iguais?

NOSÓPONO: Creio que nem as próprias Musas poderiam dizer coisas melhores que as de Cícero!

HIPÓLOGO: Talvez pudessem, se empregassem nisso todos os esforços e escrevessem de noite, sem haver jantado, à luz de uma pequena vela...

BULÉFORO: Não te zangues, Nosópono, por favor! Estipulei de uma vez por todas o direito de dizer impunemente o que me parecesse bem. Se houvesse alguém tão devotado e dedicado a Cícero como nós o somos até agora, acaso não haveria o perigo de que fosse cegado pelo amor ou de que admirasse os defeitos como se fossem virtudes, ou de que, mesmo ciente desses defeitos, os copiasse também?

---

132 Poetas que escreveram depois de Cícero. Publius Vergilius Maro, autor da *Eneida*, é considerado o maior dos poetas clássicos; Quintus Horatius Flaccus, autor da *Arte poética*; Publius Ouidius Naso escreveu *A arte de amar* e é mestre nos versos elegíacos; Marcus Annaeus Lucanus, autor de uma épica inacabada, a *Farsália*; Aulus Persius Flaccus, poeta e satirista romano muito popular na Idade Média.

NOSÓPONO: *Hebrakleis!*¹³³ Defeitos em Cícero!

BULÉFORO: Nenhum, a menos talvez que o solecismo seja defeito nos outros, mas não em Cícero. E, como já dissemos, os eruditos demonstram que há solecismos nos livros de Marco Túlio. A menos que um lapso de memória não seja um defeito, e este também foi demonstrado pelos conhecedores. Se não for defeito que até aquele a quem estás defendendo sobrecarregue o discurso com a menção desmedida dos próprios louvores, o que fez na *Defesa de Milão*, como atesta Ascônio Pediano,¹³⁴ e apenas se alguma vez Cícero não tiver sido um tanto cansativo por causa deste seu gosto, vangloriando-se "não sem razão, mas sim sem limite", como disse Sêneca elegantemente.¹³⁵ E não sei em qual destas duas coisas ele é mais destemperado, se em vangloriar-se ou em invectivar contra os outros. Qualquer que seja o pretexto com que defendamos tais atitudes, não poderemos negar que, ao menos nessa parte, melhor exemplo pode ser solicitado de outros autores.

NOSÓPONO: Deixemos de lado o sermão sobre os costumes morais! O debate que instituímos é sobre as forças e virtudes da eloquência.

BULÉFORO: Mas eu de boa vontade deixá-lo-ia de lado, se os próprios rétores não afirmassem que não pode ser um bom

---

133 Em grego no original: por Hércules!
134 Quintus Asconius Pedianus, que escreveu comentários sobre alguns discursos de Cícero. Restam somente fragmentos.
135 *De breuitate uitae* 5; *Dial.* 10.5.1; ver também Quintiliano, *Institutio Oratoria* 11.1.18 ss.

orador aquele que não seja igualmente um homem bom.[136] Mas vá lá! Acaso te parece defeituosa a composição, se a palavra subsequente começar pelas mesmas sílabas com que a precedente terminou, como se fosse um eco repetindo uma imagem divertida?[137] Do tipo como se dissesses: *ne mihi dona donata*, "não me does dons doados"; *ne uoces referas feras*, "não me refiras feras palavras", *ne per imperitos scribas scribas Basso*, "não escrevas por escribas imperitos a Basso".

NOSÓPONO: Confesso que é uma composição inepta e absurda.

BULÉFORO: Contudo, de nosso amado Cícero citam a seguinte: *o fortunatam natam me consule Romam!*, "ó Roma afortunada, nascida sob meu consulado!".[138]

NOSÓPONO: Já excluí a poesia de uma vez por todas.

BULÉFORO: Por mim, isso estará bem, contanto que abandones ao mesmo tempo isto: Cícero inteiro! Mas ainda não me escapaste! Eis para ti uma composição, em nada melhor, que Quintiliano cita da obra em prosa: *Res mihi inuisae uisae sunt, Brute*, "pareceram-me coisas odiosas, Bruto";[139] ou, se preferes pronunciar à maneira ciceroniana: *inuissae uissae sunt*. E isso para não falar dos dois molossos[140] no encerramento...

---

136 Quintiliano, *Institutio Oratoria* I *Praefatio* 9; 12.1.1: "oratorem autem instituimus illum perfectum qui esse nisi uir bonus non potest".
137 Um dos colóquios de Erasmo se chama *O eco*: um jovem faz perguntas, a que o eco responde com as últimas sílabas pronunciadas pelo rapaz.
138 Citada por Quintiliano, *Institutio Oratoria* 9.4.41, ridicularizada por Juvenal 10.122.
139 Quintiliano, *Institutio Oratoria* 9.4.41, em carta perdida.
140 Unidade métrica composta de três sílabas longas; um molosso duplo era extremamente pesado.

NOSÓPONO: Isso se lhe escapou em uma carta a um amigo...

BULÉFORO: Não o nego; pergunto apenas se julgas que isso deve ser imitado. Certamente reconhecerás que se pode dizer algo melhor.

NOSÓPONO: Não sei.

BULÉFORO: Para que mencionarei aqui a frequente colisão de vogais, que torna o discurso quebrado e desagradável? Acaso isto também não foi notado em Cícero pelos estudiosos? Ele foi negligente, me dirás; não retrucarei, contanto que admitamos que é uma construção que não ocorre em outros autores, ou que ocorre de forma mais correta. Outra vez te pergunto: conheces algum escritor tão desperto e tão ditoso que não tenha cochilado[141] em algum passo?

NOSÓPONO: E por que não? Eram homens.

BULÉFORO: Contas, então, Cícero entre os homens?

NOSÓPONO: Às vezes...

BULÉFORO: Então, qual das duas coisas julgas ser mais sensata: imitar um Túlio adormecido, ou Salústio, Bruto ou César em vigília?

HIPÓLOGO: Quem não preferiria imitar um autor bem desperto?

BULÉFORO: Acaso Virgílio não imitou Homero de tal forma que lhe corrigiu muitas coisas e jogou fora outras? Não imitou Hesíodo de tal forma que o venceu sempre?

---

141 Quintiliano, *Institutio Oratoria* 10.1.24-5. Horácio, *Ars* 359-60, falando de Homero.

Acaso Horácio não emulou os líricos gregos de tal forma que, tomando o que houvesse de mais belo em cada um, deixou todos os outros para trás? Diz ele:
Eu, à maneira e ao modo da abelha do Matino,
que com esforço suga os agradáveis tomilhos
em torno dos muitos bosques e margens do úmido Tibur,
componho, humilde, versos trabalhosos.[142]
E não imitou a Lucílio[143] de tal forma que descartou deliberadamente algumas coisas dele, para extrair de outros autores o que fosse mais digno de imitação? Para que mencionar outros? Acaso o próprio Marco Túlio adquiriu tão admirável eloquência a partir de um único modelo? Ou será que, tendo examinado os filósofos, historiadores, rétores, poetas cômicos, trágicos e líricos, tanto dos gregos como dos latinos, recolheu, teceu e aperfeiçoou afinal aquela sua famosa elocução divina, nascida de todos os gêneros de todos os escritores? Se é preciso imitar Cícero por todos os meios, imitemos também nisto seu exemplo.

HIPÓLOGO: Não me parece, Nosópono, que Buléforo esteja dizendo algum absurdo.

BULÉFORO: Quê? O próprio Cícero não ensinou que o principal da arte é dissimular a arte?[144] Pois então, um discurso que entregou sua arte é frio, carece de credibilidade e é temido como algo insidioso. Pois quem não temeria aquele que prepara para nossos ânimos uma armadilha e uma violência? Assim, se quisermos imitar Cícero com êxito, é

---
142 *Odes* 4.2.27-32.
143 Lucílio, predecessor de Horácio no gênero satírico. *Sátiras* 1.10.46 ss.
144 *De oratore* 2.156, 177; *Partitiones oratoriae*, 19.

primordial que a própria imitação de Cícero deva ser dissimulada. Mas aquele que nunca se afasta de seus traços, que arranja as palavras, figuras e cadências a partir dele, imitando até certas coisas que não devem ser imitadas, como alguns discípulos de Platão aludiam ao mestre com as costas contraídas ou como os ouvintes de Aristóteles reproduziam ao falar certo balbucio que, segundo se lê,[145] havia nele, a quem parecerá que esse tal fala de coração, uma vez que por si mesmo se mostra abertamente seu empenho na imitação, ou que elogio obterá finalmente? Sem dúvida o mesmo que obtêm aqueles que escrevem centões.[146] Talvez até agradem, mas por pouco tempo, e somente aos ociosos; no mais, nem ensinam, nem comovem, nem persuadem.[147] Eis seu supremo elogio: conhecem Virgílio bem; com muito suor formaram um mosaico.

NOSÓPONO: Quanto mais a imitação brilhar, tanto mais serei considerado ciceroniano. Este é o auge dos meus desejos.

BULÉFORO: Dizes bem, se praticarmos a eloquência para a ostentação, não para o uso. Mas há muita diferença entre um histrião e um orador. Àquele, basta deleitar, mas este se esforça em ser também útil, caso seja um homem bom; porque, se não o é, tampouco poderá almejar o nome de orador. Já demonstramos, acho, que há em Cícero certas coisas que devem ser evitadas, outras que deixam a desejar e outras

---

145 Em Plutarco, *De audiendis poetis* (*Moralia* 26B).
146 Poemas montados a partir de recortes de outros, como uma colagem ou *patchwork*.
147 *Docere, mouere, suadere*, as três funções da oratória. Ver *Brutus* 276 e *Orator* 69.

que se apresentam de tal forma que outros mais eficientes o superam nessa parte. Mas concedamos que não haja nenhum tipo de virtude ou ornamento em que Cícero não seja igual ou superior aos demais; certamente nos demais autores algumas figuras se destacam mais por sua raridade – figuras que, em Marco Túlio, estão como que obscurecidas pela densidade de seus ornamentos, da mesma forma que, se quiseres observar certas estrelas, fá-lo-ás mais facilmente se algumas raras estiverem brilhando do que se o céu estiver todo repleto de luzes, ou, se olhares um vestido totalmente coberto de pedras preciosas, uma única te cativará menos.

NOSÓPONO: Quem se embebeu de Cícero inteiro não pode imitar senão a Cícero.

BULÉFORO: Voltamos ao mesmo ponto! Reconhecerei como eloquente aquele que tiver reproduzido Cícero com êxito, mas inteiro, excetuados os defeitos; para não ser muito injusto, pode ser inteiro somente, com seus defeitos. Toleraremos sua famosa vaidade, toleraremos que acaricie o queixo com a mão esquerda;[148] toleraremos também seu pescoço comprido e fino;[149] toleraremos que fale sempre em voz muito alta;[150] toleraremos sua indecorosa e pouco viril agitação no começo do discurso;[151] toleraremos sua falta de medida nos gracejos e suas outras faltas, se houver outras, pelas quais Marco Túlio desagradou a si mesmo e aos demais, contanto

---

148 Plutarco, *Cícero* 48.
149 *Brutus* 313.
150 Ibid.
151 Plutarco, *Cícero* 35.3.

que imitem ao mesmo tempo as qualidades com que encobriu ou compensou seus defeitos.

NOSÓPONO: Quem dera chegasse a tanto antes do último dia da minha vida!

BULÉFORO: Agora tratamos de que chegues a isso, Nosópono. Mas olha quantas coisas aquele que diz "Cícero inteiro" abarca em tão pouco. Mas, ó Musas, que pequena porção de Cícero nos transmitem esses símios de Cícero que, com algumas palavrinhas, fórmulas, tropos e períodos recolhidos aqui e ali, nos apresentam apenas a superfície, ou antes a aparência, de Cícero! Era assim que alguns emulavam antigamente o gênero ático de oratória, sendo às vezes áridos, fracos e frios, e mantendo sempre, como disse aquele,[152] a mão dentro do manto, sem poder alcançar em parte alguma nem a sutileza, nem a elegância, nem a graça dos áticos. Com toda razão Quintiliano se ri[153] de alguns que queriam ser considerados irmãos de Cícero, porque às vezes encerravam a frase com as palavras *esse uideatur*, expressão que escapou a Cícero talvez uma vez ou outra, ou ainda porque alongavam o período por um circunlóquio mais longo, coisa que ele fez às vezes, principalmente nos exórdios. E não são poucos os que hoje em dia se assemelham àqueles, que admiram muito a si mesmos e, como dizem, creem que são novos Císceros, se a primeira palavra do discurso for *quamquam,* "ainda que", ou *etsi*, "mesmo se", ou *animaduerti*, "dei-me conta de que", ou *cum*, "quando", ou *si*, "se", porque Marco Túlio começa seu livro *Sobre os deveres* assim:

---

152 Quintiliano, *Institutio Oratoria* 10.2.17.
153 Ibid., 10. 2. 18.

quamquam te, Marce fili, "ainda que a ti, meu filho Marco", e dificilmente conclui o período em nove linhas; e também a *Defesa da lei Manília*: *quamquam mihi semper*, "ainda que a mim sempre". E aquele elogiadíssimo discurso *Em defesa de Milão*, começou-o assim: *etsi uereor, iudices*, "ainda que tema, juízes"; e ainda a duodécima *Filípica*: *etsi minime decere uidetur*, "embora me pareça que não convém", e também a *Defesa de Caio Rabírio*: *etsi Quirites*, "ainda que, cidadãos". Também em algumas epístolas o início é semelhante. E não sei se esses tais atribuem a Cícero os livros a Herênio por este motivo, porque um *etsi* encabeça o exórdio... Por outro lado, o quinto livro *Sobre os fins dos bens* começa assim: *cum audiuissem Antiochum, Brute*, "quando ouvi Antíoco, Bruto". Começa as *Disputas Tusculanas* assim: *cum defensionum laboribus*, "quando de meus trabalhos pelo bem dos defendidos"; e o quarto livro desta mesma obra: *cum multis in locis nostrorum hominum ingenia*, "quando os talentos de nossos concidadãos em muitos lugares". Na *Defesa de Flaco*: *cum in maximis periculis*, "quando nos maiores perigos"; assim também a *Defesa de sua casa* perante os pontífices: *cum multa diuinitus*, "quando muitas coisas por vontade divina"; e também a *Defesa de Plâncio*: *cum propter egregiam*, "quando, por sua egrégia". E o livro primeiro *Sobre a natureza dos deuses*: *cum multae res in philosophia*, "quando muitas coisas em filosofia"; e o *Sonho de Cipião*: *cum multae res in Africa*, "quando muitas coisas na África". Na *Defesa de Rabírio*, começa dizendo assim: *animaduerti, iudices*, "dei-me conta, juízes"; e nos *Paradoxos dos estoicos*, dirigidos a Bruto, assim: *animaduerti, Brute*, "dei-me conta, Bruto"; na *Defesa de Lúcio Cornélio Balbo*, começa assim: *si auctoritas patronorum*, "se a autoridade dos defensores"; na *Defesa de Públio Séstio*: *si quis antea, iudices*, "se alguém antes, ó juízes"; na *Defesa de Cecina*: *si quantum in agro*, "se tanto quanto no campo"; na *Defesa do poeta Árquias*: *si quid est in me ingenii*, "se algum talento há em mim"; em *Contra o testemunho de Vatínio*: *si tua tantummodo, Vatini*, "se somente o teu, Vatínio"; em seu discurso aos cavaleiros quando estava prestes a ir para o exílio:[154] *si quando inimicorum*, "se alguma vez dos inimigos"; e ao Senado, depois do regresso: *si, patres conscripti, uestris*, "se, senadores, para vossos"; na *Defesa de Marco Célio*: *siquis, iudices*, "se alguém, juízes"; no discurso *Sobre as províncias consulares*: *siquis uestrum, patres conscripti*, "se algum de vós, senadores".

Que poderia haver de mais ridículo e alheio a Cícero do que nada ter de Cícero além dessas palavrinhas no exórdio do discurso? Se alguém perguntasse a Cícero por que começou por tais palavras, responderia, creio, o mesmo que Homero respondeu a Luciano[155] nas Ilhas Afortunadas: interrogado sobre por que razão havia querido que a primeira palavra da *Ilíada* fosse *mehnin*, "ira" (pois esta questão havia torturado os gramáticos por muitos séculos), respondeu-lhe: "essa palavra me veio casualmente à cabeça"...

Impudência semelhante têm aqueles que se creem mais do que ciceronianos, porque algumas vezes enfiam um *etiam atque etiam*, "de novo e de novo", em vez de *uehementer*, "veementemente", *maiorem in modum*, "num grau considerável", em lugar de *ualde*, "muito", *identidem*, "repetidas vezes", por *subinde*, "frequentemente", e *cum* e *tum*, "enquanto... ao mesmo tempo", muitas vezes conectando coisas que são de importância desigual, e

---

154 É agora considerada apócrifa a "oratio ad equites romanos ante quam iret in exilium", aceita nas edições renascentistas.

155 Luciano, *Verae historiae*, 2.20.

tum e *tum* "quando... ao mesmo tempo", quando são de igual importância; *tuorum in me meritorum*, "de teus méritos com respeito a mim";[156] *quid quaeris*, "que perguntas",[157] em lugar de *in summa*, "em suma", ou *breuiter*, "brevemente"; *non solum peto, uerum etiam oro contendoque*, "não apenas peço, mas também rogo e espero obter"; *antehac dilexisse tantum, nunc etiam amare mihi uideor*, "parece-me que antes só sentia afeto, agora também amor";[158] *ualetudinem tuam cura, et me, ut facis, ama*, "cuida de tua saúde[159] e ama-me, como fazes";[160] *non ille quidem uir malus, sed parum diligens*, "ele realmente não é mau, mas pouco diligente": parece-lhes que Cícero gostou tanto desta expressão formular que frequentemente a encontrarás repetida na mesma página.[161]

Algo parecido ocorre quando indica com o pronome *illud*, "aquilo", não o que precedeu, mas o que segue depois. E, nas cartas, talvez tenha dito uma ou duas vezes *cogitabam in Tusculanum*, "cogitava para Túscula"; assim, crê-se ciceroniano quem disser frequentemente *Romam cogitabam*, "cogitava para Roma",[162] em vez de *in animo habebam* ou *statueram proficisci Romam*, "tinha em mente ou tinha decidido ir a Roma". Marco Túlio não anota o ano nas cartas, mas somente o dia do mês; por acaso não será ciceroniano alguém que tiver anotado o ano do nascimento de Cristo, coisa que é sempre necessária,

---

156 Cícero, *Fam.* [*Ad Familiares Epistolae*] 1.1.1.
157 Id., *Att.* [*Ad Atticum Epistolae*] 4.7.3; *Q. Fr.* 3.1.3.
158 Id., *Fam.* 9.14.5.
159 Ibid., 14.10; 14.11; etc.
160 Ibid., 15.19.4.
161 *Brut.* 136; *Fin.* 5.20; *Fam.* 5.15.1.
162 Cícero, Att. 14.3.4.

sempre útil? Da mesma forma, não toleram que alguém, por respeito, ponha o nome daquele a quem escreve antes do seu próprio, como, por exemplo: *Carolo Caesari Codrus Urceus salutem*, "ao Imperador Carlos, de Codro Urseu,[163] saudações". Alguns julgam ser um verdadeiro crime se acrescentares algum título de dignidade ou de honra ao nome próprio, como *inclyto Pannoniae Booemiaeque regi Ferdinando Velius salutem dicit*, "ao ilustre Fernando, rei da Panônia[164] e de Boêmia,[165] Vélio envia saudações". E não podem perdoar a Plínio, o Jovem o fato de que chame *suus*, "seu", o amigo a quem escreve, uma vez que em Cícero não resta nenhum exemplo desta prática. Será rejeitado como pouco tuliano aquele que puser no cabeçalho o assunto principal da carta a que se dispõe responder, como começaram a fazer alguns homens doutos, que emprestaram este exemplo dos ofícios dos príncipes, porque isso nunca foi feito por Marco Túlio. Conheço alguns que foram tachados de solecistas porque haviam colocado a saudação S.P.D., isto é, *salutem plurimam dicit*, "envia muitas saudações", em vez de S.D. [*salutem dicit*], pois negavam que aquela pudesse ser encontrada em Cícero. Alguns, no entanto, creem que é próprio de Túlio pôr a saudação não na frente da carta, mas no verso, porque com estas palavras o portador seria advertido sobre quais cartas devia remeter e a quem, não sem a obrigatoriedade da

---

163 Antonius Codrus Urseus (1446-1500), poeta e professor da Universidade de Bolonha. Para Knott (nota 209, p.557), trata-se de uma brincadeira de Erasmo, uma vez que Urseu morreu no ano em que Carlos V nasceu.
164 Hungria.
165 Fernando da Áustria, tornou-se rei da Hungria e da Boêmia em 1526.

saudação. Que coisa tão pequena, para que por ela percamos a palma da vitória! Mas muito menos ciceroniano será quem tiver saudado com esta fórmula: *Hilarius Bertulphus Leuino Panagatho totius hominis salutem* ou *salutem perpetuam*, "Hilário Bertulfo[166] deseja toda saúde a Levinus Panagathus",[167] ou "deseja-lhe saúde eterna".

Mas ainda mais longe de ser ciceroniano estará aquele que tiver começado uma carta assim: *gratia, pax, et misericordia a Deo patre et domino Iesu Christo*,[168] "graça, paz e misericórdia de Deus Pai e do Senhor Jesus Cristo"; da mesma forma que aquele que, em vez de *cura ut recte ualeas*, "cuida-te para que passes bem", termina a carta assim: *sospitet te dominus Iesus*, ou *incolumem te servet Dominus totius*, "que o Senhor Jesus Cristo te proteja" ou "que o Senhor, autor de toda salvação, te conserve são e salvo".[169] Que risadas, que gargalhadas soltarão então os ciceronianos! Mas que sacrilégio se cometeu? Acaso não são palavras latinas, elegantes, sonoras e até esplêndidas? Já, se penetras no sentido, quão maior é o que há aqui do que em *salut dicit*, "envia saudações" e *bene vale*, "passa bem"! Que há de mais vulgar do que dizer *salutem*, "saudações"? Trata-se de um dever que o amo tem para com o escravo, o inimigo para com o inimigo. Quem creria que são latinas as expressões *dicit illi salutem*, "envia-lhe saudações", e *iubet illum saluere*, "deseja-lhe saúde", se a lida com os antigos não no-las recomendasse?

---

166 Bertolfo de Ledeberg, assistente de Erasmo de 1520 a 1525.
167 Panagathus de Ghent, assistente de Erasmo de 1519 a 1526.
168 Expressão encontrada em Paulo: I Tm 1.2; II Tm 1.2; Gl 1.3-4; Rm 1.7; Cr 1.2; Cl 1.2; I Ts 1.1: II Ts 1.2; Tt 1.4; Fi 1.3.
169 I Tm. 1.2; II Tm. 1.2.

Isso para começar. Já para terminar, dizemos *vale*, "passar bem", até para aqueles a quem queremos mal. Como é melhor aquilo a que se dá ênfase nas fórmulas dos cristãos, se é que somos verdadeiramente cristãos de coração! O termo "graça" indica o perdão gratuito dos pecados cometidos; "paz", a tranquilidade e a alegria de consciência, porque temos um Deus propício, em vez de um irado; "misericórdia", os vários dotes do corpo e do espírito com os quais a benignidade do Espírito arcano enriquece os seus; e, para que também esperemos que estas coisas sejam eternas para nós, acrescenta-se "de Deus Pai e de Nosso Senhor Jesus Cristo". Quando ouves "Pai", depões o temor servil, pois foste admitido no afeto de um filho; quando ouves "Senhor", te pões firme contra as forças de Satanás. O Senhor não abandonará aquilo que resgatou a preço tão caro, e ele sozinho é mais poderoso que todas as legiões de Satanás. Há algo mais suave do que estas palavras para quem já sente isso em seu interior, mais útil do que este aviso para quem ainda não ingressou nesse amor? Assim, não somos vencidos por causa de palavras, mas antes vencemos nós; naquilo que significam, somos muito superiores! Resta o que é decoroso e conveniente, a que devemos visar primeiro em toda parte. E como convêm mais ao cristão estas palavras do que "envia saudações" e "cuida-te e passa bem"!

Deixemos de lado esta objeção pueril: Cícero não falou assim. Que há de estranho em que não falasse assim, se desconhecia o tema? Quantas mil coisas há sobre as quais temos de falar frequentemente e com as quais Cícero nem sequer sonhou? Mas, se estivesse vivo, falaria delas conosco. Não parecem, pois, imitadores frios aqueles que reproduzem Cícero com observaçõezinhas de tais minúcias e, esquecendo as tantas virtudes divinas deste homem, imitam com ritmos, tropos, fórmulas e palavrinhas aquelas coisas que ou agradaram a Marco Túlio ou que mais frequentemente lhe escaparam? Estas coisas realmente nada têm a ver contigo, Nosópono, mas, como aconteceu de falarmos dos imitadores de Cícero, tampouco me pareceu sem propósito mencioná-las. Esse tipo de homens deve ser igualmente odioso tanto a nós quanto ao próprio Cícero: a nós, os que nos esforçamos para imitar Cícero verdadeiramente, porque, por culpa deles, somos motivo de zombarias e falatórios, por sermos avaliados segundo a tolice deles; e a Cícero porque, por culpa de tais imitadores, como dissemos antes, ele foi difamado da mesma forma que um bom professor por culpa de uns maus alunos, um homem probo por culpa de uns filhos ímprobos, uma mulher formosa por culpa de um pintor incompetente.

Quintiliano[170] percebeu isso, quando se queixou de que Sêneca fora difamado pelo zelo desmedido de alguns que só imitavam seus defeitos, e assim acontecia que aqueles que não tinham lido Sêneca avaliavam a eloquência de Sêneca a partir dos escritos daqueles.[171] Mas, assim como ninguém se jacta mais e alardeia mais o nome dos mestres e dos antepassados do que os alunos mal-educados e os maus filhos, tentando obter de outra parte uma boa opinião sobre sua virtude, quando não podem conciliá-la por suas próprias boas ações, assim também ninguém almeja o nome de Cícero com mais insolência do que aqueles que são muito diferentes de

---

170 Quintiliano, *Institutio Oratoria* 10.1.125 ss.
171 Não se sabia então que havia dois Sênecas.

Cícero. Conheço médicos notavelmente imperitos na arte que professavam, que, a fim de aumentar seu ganho, jactavam-se de ter sido discípulos de algum médico célebre a quem mal haviam visto; e que, quando perguntados por que ministravam aos enfermos este ou aquele remédio contrário à arte, costumavam responder com irritação: "acaso sabes mais do que o doutor tal? Eu sigo este mestre". Mas não imitavam aquele que mencionavam em quase nada, exceto em coisas que mais deveriam ser evitadas que emuladas, como, por exemplo, se acaso aquela celebridade fora mais inacessível ou moroso em atender aos que lhe consultavam ou mais duro ao exigir o pagamento. Que disposição, enfim, crês que aquele egrégio médico tinha para com discípulos como esses?

HIPÓLOGO: Sem dúvida, péssima, a menos que não se importasse com sua própria reputação.

BULÉFORO: E que disposição terão os outros discípulos desse médico, os verdadeiros e autênticos?

HIPÓLOGO: Igualmente má, pois, por sua experiência com o impostor fanfarrão, o povo julgará que esses discípulos são iguais àquele. Mas, se me permitires interromper o fio do teu discurso, dar-te-ei uma ilustração.

BULÉFORO: Pois não.

HIPÓLOGO: Certa pessoa viu por acaso que Erasmo estava escrevendo com um cálamo ao qual tinha acrescentado um pedaço de madeira, por ser muito curto; desde então, esse homem começou a atar um bastão a suas penas, e assim lhe parecia que estava escrevendo à maneira de Erasmo... Mas continua, por favor.

BULÉFORO: Nem é sem graça nem *aprousdionuson*[172] isso que contas. Mas dou prosseguimento a nosso debate. Acaso não ouvimos os pais de família censurando os filhos de maus costumes assim: "vós me tornais infame e odioso a meus concidadãos, vós obscureceis as imagens de nossos antepassados, envergonho-me de tais filhos; se persistirdes, renegar-vos-ei"? Acaso não ouvimos como um irmão se indigna às vezes com outro irmão dessa mesma forma, porque um, com seus costumes ímprobos, causa dano à reputação do outro? É provável que Cícero tivesse essa mesma disposição para com estes ridículos símios. E devemos ter também nós essa disposição, nós que nos esforçamos para ser considerados *gnehsia tekna*[173] dele.

NOSÓPONO: Em algo tão ilustre, já é alguma coisa alcançar até a sombra do original.

BULÉFORO: Que seja alguma coisa então para aqueles a quem é suficiente ser chamado de sombras de Cícero! Quanto a mim, eu não desejaria ser chamado nem de sombra de Apolo! Pois preferiria ser um Crasso vivo a um Cícero sombrio. Mas, para que continuemos com a nossa discussão, faz de conta que existe alguém que imite Cícero inteiro, nas palavras, nas figuras e nos ritmos (coisa de que, no entanto, não sei se muitos serão capazes): quanto ele terá de Cícero? Ao imitar a Cícero, ocorrerá aquilo que aconteceu a Zêuxis ao retratar o corpo feminino: reproduziu os traços, a cor, a idade e mesmo algo de sentimento, isto é, algo de dor, de alegria, de ira, de medo, de atenção ou de sonolência. Assim demonstrou sua

---

172 Em grego no original: inoportuno ou irrelevante.
173 Em grego no original: filhos, descendentes.

mais alta técnica artística. Quem representou tudo isto acaso não esgotou tudo aquilo de que a arte é capaz? Tanto quanto foi possível, transferiu a aparência viva de uma pessoa a uma imagem muda. Não se pode exigir mais nada de um pintor! Reconheces a figura da pessoa que foi pintada, vês sua idade e seus sentimentos, e talvez também seu estado de saúde; acrescenta o que se conta que alguns conseguiram: o fisionomista reconhece sua índole e seus costumes e seu espaço vital. Mas ainda é enorme o quanto falta ali da pessoa! O pintor reproduziu o que se pode conjecturar a partir da superfície da pele. Mas, uma vez que o homem se constitui de alma e de corpo, quão pouco há ali de uma parte só, a pior! Onde está o cérebro, onde a carne, onde as veias, onde os nervos e os ossos, onde os intestinos, onde o sangue, onde a respiração e a fleuma, onde a vida, onde o movimento, onde os sentidos, onde a voz e a linguagem, onde, enfim, as coisas que são próprias do homem, a mente, a inteligência, a memória, a capacidade de decisão? Assim como um pintor não consegue imitar as qualidades principais de um homem, assim também nenhuma tentativa de reproduzir um efeito[174] alcança as principais virtudes de um orador. É preciso que as tiremos de nós mesmos. De fato, não se exige nada mais do pintor, se ele apresenta o que é próprio da arte que professa; mas de nós, se quisermos imitar Cícero inteiro, requer-se algo muito diferente. Se a imagem com a qual retratamos Marco Túlio carecer de vida, de ação, de sentimentos, de nervos e de ossos, que haverá de mais frio que nossa imitação? Mas muito mais ridículo será se, com protuberâncias, nervuras, cicatrizes e outras deformidades

---

174 Quintiliano, *Institutio Oratoria* 10.1.82.

físicas, conseguirmos finalmente que o leitor reconheça que nós lemos Cícero.

HIPÓLOGO: Certo pintor desse tipo nos levou ao riso não faz muito tempo. Havia aceitado retratar ao vivo nosso camarada Múrio[175] e, como não podia reproduzir a verdadeira forma deste homem, olhava-o em volta, caso houvesse algo notável em seu corpo ou vestimenta. Havia começado no verão e em grande parte já havia acabado o quadro; havia pintado o anel que usava, havia pintado a algibeira e o cinto; em seguida pintou-lhe cuidadosamente o chapéu na cabeça. Deu-se conta de que no indicador da mão esquerda havia uma cicatriz e também a pintou com exatidão. Em seguida, na direita, ali por onde a mão se une ao braço, viu uma grande protuberância e não a deixou por menos. Representou também, por sua vez, uns quantos pelos em sentido contrário no supercílio direito. Da mesma forma, pintou à esquerda da boca uma cicatriz, vestígio de um ferimento. Quando retornou, pois voltava com frequência a seu modelo, pintou-lhe um novo queixo, uma vez que o viu de barba feita; depois, quando a barba lhe havia crescido um pouquinho, porque ao modelo lhe agradava mais assim, mudou-lhe o queixo outra vez. Nesse ínterim, sobreveio a Múrio uma febrezinha e, como costuma acontecer, esta, ao retroceder, produziu-lhe uma erupção no lábio. O pintor reproduziu a pústula... Chegou enfim o

---

175 Segundo Knott (nota 231, p.558), trata-se do próprio Erasmo. Na *Epístola 584*, de 1517, Erasmo recorda que, ao posar para Quentin Matsys, teve de abandonar temporariamente o trabalho por ter tomado algumas pílulas para o fígado. Na *Epístola 1729*, de 1526, queixa-se de que Düher não o retratou a contento por causa de seus problemas de saúde naquela época.

inverno, e o modelo colocou um chapéu diferente, e o pintor mudou também a pintura. Aquele vestiu roupas de inverno com peles; este pintou essa nova roupa. O rigor do frio havia lhe mudado a cor e sua pele, como costuma acontecer, havia se contraído; este mudou toda a pele; aquele havia apanhado um catarro que lhe havia danificado o olho esquerdo e que lhe havia posto o nariz um pouco mais inchado e muito mais avermelhado, de tanto assoar-se frequentemente; este lhe pintou um novo olho e um novo nariz. Se alguma vez via o modelo despenteado, reproduzia-lhe os cabelos desalinhados; por outro lado, se o via penteado, compunha-lhe a cabeleira; se acaso Múrio adormecia enquanto estava sendo pintado, representava-o adormecido; aquele tomara por conselho médico um remédio que lhe acrescentava algo de velho; este lhe mudou a cara. Se tivesse podido retratar a verdadeira e genuína forma do homem, não teria recorrido a estes *parerga*.[176]
Assim, pois, se imitarmos Cícero deste modo, com razão Horácio nos gritará isto:
Ó imitadores, servil rebanho, como vosso tumulto me leva tantas vezes ao riso, tantas vezes à zombaria![177]
Mas supõe que em Cícero tenhamos representado com sucesso tudo o que há num homem que um pintor perfeito possa retratar; onde está aquele famoso coração de Cícero, onde sua invenção de temas tão copiosa, tão fértil, onde seu método de disposição, onde o desenvolvimento de suas proposições, onde sua ponderação ao tratar os argumentos, onde

---

176 Em grego no original: acidentes.
177 Horácio, *Epístolas* 1.19.19-20. Erasmo comete um equívoco: Horácio diz "fúria", e não "riso".

seu poder de mover as paixões, onde seu encanto para deleitar, onde sua memória tão fértil e rápida, onde seu conhecimento de tantos temas, onde, enfim, aquela famosa inteligência que se respira até hoje em seus escritos, onde aquela famosa genialidade que produz uma peculiar e secreta energia? Se faltam estas coisas, quão fria será a imagem de nossa imitação!

NOSÓPONO: Dizes estas coisas, Buléforo,[178] de forma deveras eloquente, mas a que visam, senão a afugentar os jovens da imitação de Cícero?

BULÉFORO: Basta, Nosópono! Pois todas essas palavras visam a isto: que, desprezado o tumulto de certos símios, imitemos com êxito Cícero inteiro, tanto quanto possível.

NOSÓPONO: Aqui estamos totalmente de acordo.

BULÉFORO: Se isso não se for feito com destreza, ocorrerá que, com uma imitação sem dúvida esforçada, mas pouco feliz, tornemo-nos diferentes de Cícero. Pois sabei que não há nada mais perigoso do que ambicionar a imagem de Cícero. Resultou mal para os gigantes ter ambicionado o trono de Júpiter.[179] Evocar os deuses causou a ruína de alguns.[180] Empresa cheia de riscos perigosos[181] é reproduzir aquela língua divina e superior à natureza humana. Talvez alguém possa nascer Cícero; tornar-se, ninguém.

NOSÓPONO: Que dizes agora?!

---

178 Era Hipólogo quem estava falando, mas à maneira de Buléforo.
179 Os gigantes atacaram o Olimpo.
180 Por exemplo, Sêmele, que foi fulminada ao ver a face de Zeus.
181 Horácio, *Carm.* [*Carmina*], 2.1.6.

BULÉFORO: Porque as virtudes dele, como são supremas, estão próximas demais aos vícios.[182] Ademais, não é possível que a imitação flua a partir de um modelo que se tenta tão somente seguir, não superar. Por isso, quanto mais insistentemente ambicionas sua imagem, tanto mais perto estás desse vício.

NOSÓPONO: Não entendo bem o que dizes.

BULÉFORO: Farei que entendas. Acaso os médicos não preconizam que a ótima saúde do corpo é perigosíssima, por estar próxima da má saúde?[183]

NOSÓPONO: Assim ouvi. E que, então, depois?

BULÉFORO: Não está a monarquia absoluta próxima à tirania?

NOSÓPONO: Assim dizem.

BULÉFORO: E, no entanto, não há nada melhor do que a monarquia absoluta, se a tirania estiver ausente. E a extrema liberalidade, não está próxima do vício da extravagância? E a extrema severidade, não é afim à truculência?

NOSÓPONO: Perfeitamente.

BULÉFORO: E o demasiado humor engraçado e cosmopolita, não chega à vizinhança da troça e da frivolidade?

NOSÓPONO: Deixa de citar outros exemplos. Supõe que admiti cada um desses pontos.

BULÉFORO: Antes ouvirás algo de Horácio:

---

182 Quintiliano, *Institutio Oratoria* 8.3.7.
183 Hipócrates, *Aforismas*.

Esforço-me em ser breve, fico obscuro; buscando coisas doces, faltam-me nervos e forças; aquele que prometeu coisas grandiosas está inchado.[184]

Assim, aqueles que ambicionam o aticismo tornam-se áridos, em vez de agudos e elegantes; aqueles que ambicionam o gênero rodiense, dissolutos; aqueles que ambicionam o asianismo, túmidos. A brevidade da composição foi elogiada em Salústio;[185] se alguém tentar emulá-la escrupulosamente, acaso não haverá o perigo de acabar truncado e abrupto?

NOSÓPONO: Talvez.

BULÉFORO: Elogiou-se em Demóstenes o comedimento de suas palavras e argumentos, de que nada poderás tirar.

NOSÓPONO: Assim julgou Quintiliano.[186]

BULÉFORO: Se alguém, para parecer demostênico, se dispuser ansiosamente a emular essa qualidade, estará próximo do perigo de dizer menos do que convém. Isócrates[187] é aplaudido por suas estruturas e ritmos; quem se empenhar no mesmo correrá o perigo de ser tedioso, pela meticulosidade da composição, e de perder a credibilidade, por sua artificialidade ostensiva. A abundância de Sêneca foi elogiada;[188] um emulador incauto e zeloso periclita acabar redundante e imoderado, em vez de abundante. Se emulares escrupulosamente

---

184 *Arte poética* 25-27.
185 Quintiliano, *Institutio Oratoria* 4.2.45.
186 Ibid., 10.1.76.
187 Orador e professor de retórica. Ver Cícero, *Orator* 151, 174-6; e Quintiliano, *Institutio Oratoria* 2.8.11; 2.15.4; 3.4.11; 4.2.31; 9.3.74; 10.1.79.
188 Quintiliano, *Institutio Oratoria* 12.10.11.

a gravidade de Bruto, talvez acabes triste e áspero. Louva-se a jovialidade de Crispo;[189] seu emulador corre o risco de tornar-se tolo ou leviano, em vez de jovial. Sei de alguns que, como tentassem imitar a admirável fluência de Ovídio, perpetraram versos carentes tanto de nervos quanto de espírito. Mas, para não te entediar recordando um por um, dir-te-ei o que resta de modo geral.

Em alguns, destaca-se a sutileza da argumentação; aquele que a ambicionar ardentemente periclita acabar frio ou obscuro. Em outros, admiramos uma feliz negligência para com a técnica; quem se esforçar em copiar isso talvez caia em um gênero vulgar de eloquência, ou melhor, de tagarelice. Em outro, brilha uma extrema observação da técnica; quem se aplicar a reproduzir isso cairá em certo gênero teatral de eloquência. A secura está próxima da frugalidade ática; a loquacidade é vizinha do fluxo abundante de palavras. A suprema *deinohsin*[190] em mover as paixões assume uma aparência de loucura; a grandiosidade, de fasto; a confiança naquilo que deve ser afirmado, de improbidade.

NOSÓPONO: Estás pregando para convertidos!

BULÉFORO: Mas entre essas características há algumas que são tão proeminentes nos autores que deveriam ser consideradas como vícios, se não fossem compensadas pelas virtudes que as acompanham. Em Sêneca, por exemplo: suas muitas virtudes, como a retidão de seus preceitos, o esplendor de suas

---

189 Ibid.
190 Em grego no original: esforço. "Apresentação apaixonada." Ver Quintiliano, *Institutio Oratoria* 6.2.24 e Cícero, *Orator* 97-9, *Brutus* 279.

palavras e temas e a jovialidade de seu estilo escusam o abrupto da composição e a quantidade desmedida de aforismos. Tampouco se elogiaria a composição de Isócrates se não viessem em seu auxílio a clareza da dicção e a nobreza das opiniões.

NOSÓPONO: Até agora não ouvi nada falso, mas ainda não vejo aonde tudo isso quer chegar.

BULÉFORO: Evidentemente, a isto: como somente em Cícero essas coisas existem em tão grande número, parece-me perigoso emulá-lo de forma rígida e servil, uma vez que não podemos emular as virtudes com as quais valorizou ou encobriu tais características.

NOSÓPONO: Falas de que características?

BULÉFORO: Ele tem um tipo de expressão tão fluido que às vezes pode parecer frouxo e solto; uma abundância de palavras tão exuberante que pode parecer redundante; tão grande observância da técnica que parece mais próximo de um declamador[191] que de um orador, obtendo a glória pela maestria na arte à custa da credibilidade; é tão pródigo em atacar que poderia passar por maledicente; tão efusivo em gracejos que, quando era cônsul, levou Catão ao riso; tão lisonjeiro às vezes que parece abjeto; tão alinhado que foi chamado de mole e de pouco viril por naturezas mais severas. Podemos admitir que em Cícero, por causa daquela proverbial felicidade de sua natureza, pela qual tudo o que ele faz corre bem, essas características não são vícios, e admitimos mesmo que sejam

---

191 A *declamatio* era um procedimento retórico pelo qual um autor assumia a persona de um outro, a fim de falar sobre um tema como se fosse outra pessoa.

até virtudes. Mas, ainda assim, ocorrem nele de tal forma que, por causa dessa vizinhança com os vícios, não deixam de ter aparência de vícios, sob um juiz injusto. Só que ele compensou qualquer possível crítica com muitíssimas virtudes exímias, de modo que aquele que tentar criticar alguma coisa em seu discurso será considerado, na opinião de todos, um caluniador e um impudente. Mas não nos empenhamos em reproduzir estas virtudes e, se acreditarmos em Fábio,[192] elas são inimitáveis e não podem ser tiradas do exemplo ou dos preceitos, mas somente de Minerva. Mas, se estas coisas faltam, como será a imitação daquelas que mencionamos? Concluímos, portanto, que não há nada mais perigoso do que a imitação de Cícero, não somente por sua reputação e porque foi alçado ao posto de orador supremo e está além de todo sorteio de talentos[193] (com este pretexto, Flaco[194] desiste da emulação de Píndaro, evidentemente pelo exemplo de Ícaro),[195] mas também porque muitas características são nele tão supremas que estão próximas dos vícios. Aqui está, sem dúvida, o perigo do precipício.

NOSÓPONO: Mas antes havíamos concordado entre nós que suas características mais destacadas eram as mais adequadas para a imitação, evidentemente a fim de que, ainda que fiques aquém daquele que te esforças em reproduzir, obtenhas, não obstante, algum crédito pelo bom estilo.

---

192 Quintiliano, *Institutio Oratoria* 10.2.12ss.
193 Plínio, *Nat.* [*Historia Naturalis*] pr. 7
194 Horácio, *Carm.* 4.2.1-4.
195 Ícaro, filho de Dédalo, simboliza a impossibilidade humana de vencer as leis da natureza quando o homem ultrapassa seus limites. Ver Ovídio, *Met.* 8.183-235.

BULÉFORO: Uma coisa é reproduzir coisas idênticas e outra, coisas similares; uma coisa é imitar o que foi prescrito e outra, ser servil e não mais que um seguidor. Enfim, afasta-se do exemplo quem não reproduz também as características que excluem a crítica. E estas, Fábio[196] as aponta como quase inimitáveis, mesmo para os bons talentos.

NOSÓPONO: Eu tampouco admito no âmbito deste merecimento senão a certos talentos extremamente exímios e próximos dos deuses, talentos pelos quais, se um infatigável estudo se lhe somar, há de haver finalmente a esperança de que reproduzam com êxito o estilo tuliano.

BULÉFORO: Talvez, mas são tão raros que nem podem ser contados. Agora, há alguns homens argutos que distinguem a imitação da emulação.[197] Sendo que a imitação visa à semelhança, e a emulação, à vitória. Assim, se te propuseres como modelo só e inteiramente Cícero, e tua intenção for não somente reproduzi-lo, mas também vencê-lo, ele não será ultrapassado, mas antes terás de abandonar a corrida. Por outro lado, se quiseres acrescentar algo a sua abundância, tornar-te-ás redundante; se algo à sua falta de cerimônia, tornar-te-ás petulante; se algo a seus gracejos, tornar-te-ás um bufão; se algo à sua composição, tornar-te-ás um cantor, em vez de orador. Assim, se te empenhares em igualar a Túlio, correrás o risco de falar pior do que ele, pela simples razão de que não poderás alcançar as divinas virtudes com que ele compensou aquelas coisas que ou são vícios ou estão próximas

---

196 Quintiliano, *Institutio Oratoria* 10.2.16-17.
197 Ibid., 10.2.10 ss.

do vício, mesmo que certamente tenhas alcançado outras; ao passo que, se tentares ultrapassá-lo, ainda que faças escritos parelhos com os seus, inclusive naquelas características que não poderás reproduzir por mais que te empenhes, ainda assim será vicioso tudo aquilo que houver sido acrescentado a Cícero. Por isso parece ser verdadeira a afirmação a seu respeito:[198] nada pode ser acrescentado à sua eloquência, da mesma forma que nada pode ser tirado de Demóstenes. Vês, Nosópono, o perigo.

NOSÓPONO: Nenhum perigo me amedronta, contanto que eu possa chegar a alcançar a glória de ser chamado ciceroniano.

BULÉFORO: Se desprezares todas essas coisas, há uma outra inquietação que oprime meu espírito ainda mais, se não te for pesado ouvi-la.

NOSÓPONO: Serve-te do pacto a teu critério!

BULÉFORO: Crês que merece o título de eloquente um homem que não fala adequadamente?

NOSÓPONO: De forma alguma, uma vez que a principal virtude do orador é falar convenientemente.

BULÉFORO: Mas de onde se avalia isso de falar convenientemente? Será em parte pelos temas sobre os quais as palavras tratam, em parte pelas pessoas tanto dos que falam quanto dos que ouvem, em parte pelo lugar, pelo tempo e pelas demais circunstâncias?

NOSÓPONO: Completamente.

---

198 Ibid., 10.1.106.

BULÉFORO: Mas não queres que um ciceroniano seja um orador que se sobressai?

NOSÓPONO: Como não?

BULÉFORO: Assim, pois, não será ciceroniano alguém que discorra sobre os paradoxos dos estoicos e sobre as argúcias de Crisipo[199] no teatro, ou que no Areópago[200] se entregue a chacotas em julgamentos de crimes capitais, ou que fale de arte culinária com as palavras e as figuras dos trágicos?

NOSÓPONO: Esse seria um orador não menos ridículo do que alguém que, em uma tragédia, se pusesse a saltar as atelanas,[201] ou que, como no provérbio, pusesse uma túnica de cor açafrão[202] em um gato e uma de cor púrpura em um macaco,[203] ou que adornasse Baco com a pele de um leão e Sardanapalo[204] com a clava de Hércules.[205] Pois não merece elogio nenhum aquilo que for inadequado, por mais magnífico que seja em si mesmo.

BULÉFORO: Respondes de forma apropriada e verdadeira. Logo, Marco Túlio, que foi o melhor em seu século, não teria

---

199 Filósofo estoico (por volta de 280-207 a.C,), conhecido por sua agudeza em refutar falácias, mas também por sua argumentação tediosa.
200 Conselho superior de Atenas.
201 Espécie de comédia farsesca romana em que a dança representava papel importante. Pompônio e Novio foram os principais autores deste gênero, de que nos restam apenas fragmentos.
202 *Adagia* 1.2.72: *cocroton feli*.
203 *Adagia* 1.7.10: *simia in purpura*.
204 Rei da Assíria que se tornou sinônimo de luxúria e comportamento moral corrompido.
205 *Adagia* 3.7.27 e 4.1.95.

sido o melhor se tivesse falado de modo semelhante na época de Catão, o Censor,[206] de Cipião[207] ou de Ênio.[208]

NOSÓPONO: Os ouvidos não teriam suportado tal amontoado ou seu famoso gênero de discurso ritmado, pois evidentemente estavam habituados a coisas mais austeras. Pois a oratória desses homens estava de acordo com os costumes daqueles tempos.

BULÉFORO: Dizes, portanto, que o estilo é como se fosse a roupa das coisas?

NOSÓPONO: Afirmo isso, a menos que prefiras chamá-lo de pintura.

BULÉFORO: Pois bem, a roupa que é apropriada para um menino não está em conformidade com um velho, e a que corresponde a uma mulher não conviria a um homem; e aquela que fica bem em um casamento não fica bem em um funeral; e aquela que se elogiava há cem anos agora não seria aprovada.

NOSÓPONO: Mais ainda, seria objeto de todos os assovios e do riso de todos. Observa em quadros não muito antigos, pintados talvez há uns sessenta anos, o traje das mulherezinhas cortesãs e o dos nobres; se alguém saísse assim em público hoje, seria alvejado com maçãs podres pelas crianças e pelos loucos.

---

206 Marcus Porcius Cato (234-149 a.C.), antepassado daquele Catão contemporâneo de Cícero.
207 Scipio Africanus Maior (236-184 a.C.), que venceu Aníbal na segunda guerra púnica.
208 O mais antigo poeta latino (239-169 a.C.).

HIPÓLOGO: Dizes coisas totalmente verdadeiras. Pois quem suportaria agora em matronas honestas os cornos, as pirâmides, os longos cones proeminentes no alto da cabeça, as frontes e as têmporas depiladas quase até a metade do crânio, com os cabelos raspados artisticamente; e, nos homens, a parte alta dos barretes com um grande rabo pendurado, as abas das roupas cortadas, os volumes salientes nos ombros, o cabelo aparado dois dedos acima das orelhas, a roupa muito mais curta, que mal chega até os joelhos e que mal cobre as partes pudendas, os sapatos com os bicos estendidos ao infinito, a corrente de prata atada do joelho ao calcanhar? E não seria menos monstruoso naqueles tempos o modo de vestir que agora consideramos o mais apropriado.

NOSÓPONO: Sobre o traje estamos de acordo.

BULÉFORO: Agora, se mo permites, vejamos Apeles. Dentre os pintores, era ele que costumava pintar perfeitamente tanto os deuses quanto os homens de sua época; se, por algum decreto do destino, ele viesse para este século e pintasse os alemães tal como pintou outrora os gregos, os monarcas tal como pintou outrora a Alexandre, dado que hoje já não são assim, não se diria que os havia pintado mal?

NOSÓPONO: Mal, porque não pintou adequadamente.

BULÉFORO: Se alguém pintasse a Deus Pai com o mesmo aspecto com que outrora se pintou a Júpiter, ou a Cristo com a mesma aparência com que então se pintava a Apolo, aprovarias o quadro, então?

NOSÓPONO: De forma alguma.

BULÉFORO: Mas e se alguém representasse hoje a Virgem mãe tal como Apeles retratava outrora a Diana, ou a Virgem Agnes[209] com a mesma forma com a qual pintou a celebrada pelas letras de todos como *anaduomenehn*,[210] ou a santa Tecla[211] com a mesma aparência com que pintou Laís,[212] acaso dirias que este pintor se assemelha a Apeles?

NOSÓPONO: Não creio.

BULÉFORO: E se alguém adornasse nossos templos com estátuas como aquelas com que outrora Lisipo adornou os santuários dos deuses, acaso dirias que ele se assemelha a Lisipo?

NOSÓPONO: Não o diria.

BULÉFORO: Por que isso?

NOSÓPONO: Porque os signos não são congruentes com as coisas reais. Diria o mesmo se alguém pintasse um asno com aparência de boi, ou um falcão com forma de cuco, ainda que no restante aplicasse a esse quadro um cuidado e uma arte supremos.

HIPÓLOGO: Eu tampouco chamaria honesto ao pintor que, no quadro, tornasse bonito um homem feio.

BULÉFORO: Mas e se, no restante, demonstrasse uma arte excelente?

---

209 Virgem martirizada em Roma no século IV.
210 Afrodite Anadyomene, aquela que emergiu do mar. Célebre quadro de Apeles, comentado por Plínio, *Nat.* 35.91.
211 Santa dos primórdios do cristianismo, perseguida por seu voto de castidade.
212 Famosa cortesã coríntia, citada por Ovídio, Propércio etc.

HIPÓLOGO: Não diria que o quadro é desprovido de arte, mas mentiroso. Pois teria podido pintar de outra forma, se tivesse querido. De resto, preferiu lisonjear ou zombar da pessoa que retratou. Mas tu acaso julgas que este é um artista honesto?

NOSÓPONO: Ainda que o seja, aqui certamente não o demonstrou.

BULÉFORO: Julgas, então, que é um bom homem?

NOSÓPONO: Nem bom artista, nem bom homem. Pois o principal da arte é representar diante dos olhos a realidade como ela é.

BULÉFORO: Em vista disso, não há muita necessidade da eloquência ciceroniana. Pois vossos rétores por vezes permitem ao orador mentir, elevar com palavras as coisas humildes, rebaixar as grandes e, o que certamente é uma espécie de embuste, introduzir-se no ânimo dos ouvintes com insídias; enfim, violentar as mentes para comover as paixões, o que é um tipo de feitiçaria.

NOSÓPONO: Mas somente quando o ouvinte que é enganado é merecedor de sê-lo.

BULÉFORO: Deixemos de lado, por enquanto, essas questões alheias. Para mim, basta que não aproves um traje pouco apropriado ao corpo, que condenes a pintura que não se adapta à realidade que se diz que ela quer representar.

NOSÓPONO: Mas que conclusão hão de ter essas tuas *eisagohgai* socráticas?[213]

---

213 Em grego no original: premissas ou introduções socrática. Alusão à técnica maiêutica de fazer perguntas aparentemente sem conexão

BULÉFORO: Evidentemente, meu querido Nosópono, ia chegar lá. Nisto estou de acordo contigo: Cícero é o melhor orador de todos.

NOSÓPONO: De acordo.

BULÉFORO: E nisto: não merece o belíssimo título de ciceroniano senão aquele que possa falar de forma semelhante a ele.

NOSÓPONO: Exatamente.

BULÉFORO: E nisto: nem sequer fala bem aquele que não fala convenientemente.

NOSÓPONO: De acordo também nisso.

BULÉFORO: E, para finalmente concluir assim, nisto: falaremos convenientemente somente se nosso discurso se adaptar às pessoas e circunstâncias presentes.

NOSÓPONO: É evidente.

BULÉFORO: Mas e então? Parece-te que o presente estado de coisas em nosso século é compatível com a situação daqueles tempos em que Cícero viveu e falou, uma vez que mudaram completamente a religião, o império, as magistraturas, a república, as leis, os costumes, os estudos, a própria aparência dos homens; enfim, o que não mudou?

NOSÓPONO: Nada é parecido.

BULÉFORO: Que descaramento terá, portanto, aquele que exigir de nós que falemos de tudo à maneira de Cícero! Que primeiro nos devolva aquela Roma que havia outrora, que nos

---

com o tema. Para Mañas Nuñez, trata-se de um erro de Erasmo, que teria confundido *eisagogé* por *epagogé*, "indução".

devolva o Senado e a cúria,²¹⁴ os pais conscriptos,²¹⁵ a ordem equestre,²¹⁶ o povo dividido em tribos e centúrias;²¹⁷ que nos devolva os colégios de áugures e arúspices,²¹⁸ os pontífices máximos,²¹⁹ os flâmines²²⁰ e as vestais,²²¹ os edis, os pretores, os tribunos da plebe, os cônsules, os ditadores,²²² os césares, os comícios, as leis, os decretos do Senado, os plebiscitos, as estátuas, os triunfos, as ovações,²²³ as súplicas,²²⁴ os templos, os ídolos, os santuários, os ritos sagrados,²²⁵ os deuses e as deusas, o Capitólio²²⁶ e o fogo sagrado;²²⁷ que nos devolva as províncias, as colônias, os municípios e os aliados da cidade

---

214 A cúria era o local em que as reuniões do senado aconteciam.
215 Forma de tratamento usual perante a assembleia senatorial.
216 Importante classe social em Roma.
217 Divisões de que constavam as assembleias para votar propostas.
218 Dois colégios de funcionários religiosos, os quais interpretavam sinais da aprovação ou desaprovação dos deuses.
219 Os sacerdotes, *pontifices*, supervisionavam toda a observância ao ritual romano e tinham à frente o *pontifex maximus*.
220 Ordem menor de sacerdotes. Havia quinze deles, cada um dedicado a uma divindade.
221 Ordem de seis mulheres, virgens celibatárias, cuja tarefa era servir à deusa Vesta, mas também manter aceso o fogo sagrado de Roma.
222 Edis, pretores, tribunos da plebe, cônsules, ditadores: principais magistrados da Roma republicana.
223 Triunfos e ovações eram as honras com que eram recebidos os generais vitoriosos.
224 Feriados para prece.
225 *Puluinaria*: cerimônia religiosa constituída de um banquete em honra a várias divindades, cuja presença era simbolizada por estátuas ricamente adornadas.
226 A mais alta das sete colinas de Roma, sobre a qual se erguia ao templo de Júpiter, representando a inviolabilidade de Urbe.
227 O fogo sagrado de Vesta, que simbolizava a continuidade de Roma.

senhora de todas as coisas. Além disso, uma vez que todo o cenário das coisas humanas se inverteu por toda parte, quem pode hoje em dia falar convenientemente, a não ser alguém diferente de Cícero? A tal ponto que me parece que aquilo de que tratávamos tenha saído em sentido contrário! Tu negas que alguém fale bem, a menos que imite Cícero; no entanto, a própria realidade está gritando que ninguém pode falar bem, a menos que se afaste prudentemente do exemplo de Cícero. Para onde quer que me volte, tudo mudado, vejo-me em outro proscênio, contemplo outro teatro, e mais, outro mundo. Que fazer? Eu, cristão, devo falar perante cristãos sobre a religião cristã; acaso, para falar bem, imaginar-me-ei vivendo na época de Cícero e falando em um senado concorrido, perante os pais conscriptos, na rocha Tarpeia,[228] e mendigarei algumas palavrinhas, figuras e ritmos dos discursos que Cícero pronunciou no Senado?

Imagina um sermão perante uma multidão heterogênea, na qual haverá donzelas, mulheres casadas e viúvas; será preciso falar sobre o mérito do jejum, da penitência, do fruto da oração, da utilidade das esmolas, da santidade do matrimônio, do desprezo das coisas efêmeras, do estudo das divinas escrituras. De que me serviria aqui a eloquência de Cícero, a quem eram desconhecidos os temas sobre os quais tenho de falar? Tanto que não poderiam ser usadas as palavras novas que nasceram depois dele, com as novas realidades! Acaso não será um frio orador aquele que, para essas matérias, costure, por assim dizer, os panos arrancados de Cícero?

---

228 Um penhasco numa das faces da colina Capitolina.

Contar-te-ei não rumores que me chegaram, mas aquilo que ouvi com estes ouvidos e vi com estes olhos.[229] Naquela época, em Roma, acima de todos os outros quanto à aptidão oratória floresciam Pietro Fedra[230] e Camilo,[231] este mais jovem em idade, mas superior quanto às forças da eloquência, exceto porque aquele já havia ocupado o trono desta fama. Mas nenhum deles, se não me engano, era romano de origem. A certa pessoa fora delegada a missão de falar sobre a morte de Cristo no dia sagrado a que chamavam Parasceve,[232] e isso perante o Sumo Pontífice.[233] Alguns dias antes, fui convidado por eruditos a ouvir tal discurso. "Procura não faltar", diziam-me, "então ouvirás afinal como a língua romana soa em boca romana". Fui com grande ansiedade e fiquei próximo do púlpito, para que nada se me escapasse. O próprio Júlio II estava presente, coisa que acontece muito raramente, creio que por motivo de saúde;[234] estava presente uma grande assembleia de cardeais e de bispos e, além de uma multidão desconhecida, muitos doutores que então viviam em Roma.

---

229 Fato ocorrido em 6 de abril de 1509. Em visita a Roma, Erasmo viu o sermão de Tommaso "Fedra" Inghirami (1470-1516), o qual, diante de Júlio II, referiu-se a Cristo com palavras pagãs. Erasmo viveu na Itália entre 1506 e 1509.
230 Tommaso Fedra Inghirami (1470-1516), professor de retórica, chamado o Cícero de sua época. Erasmo se enganou com relação a seu prenome.
231 Giulio Camillo Delminio de Friuli (1480-1544), professor de retórica e poeta.
232 Sexta-feira santa de 1509.
233 O Papa Júlio II (1443-1513).
234 Segundo Knott (nota 310, p.563), trata-se de um comentário sarcástico de Erasmo.

Não revelarei o nome do orador, para que não pareça a alguém que eu quereria arruinar a fama de um homem probo e erudito. Ele tinha a mesma intenção que tu tens agora, Nosópono, candidato certamente à facúndia ciceroniana. O proêmio e a peroração, quase mais longos do que o discurso todo, foram consumidos em pregar os louvores de Júlio II, a quem chamava Júpiter Ótimo Máximo, que, tendo em sua destra onipotente o relâmpago vibrante e o "inevitável raio", com somente uma ordem faria o que quisesse; afirmava que o que quer que tivesse sido feito nos anos anteriores na Gália, na Germânia, na Espanha, na Lusitânia, na África e na Grécia, por ordem sua havia sido realizado. Sem dúvida um romano dizia estas coisas em Roma, com boca romana e sotaque romano. Mas que têm a ver essas coisas com Júlio, pontífice da religião cristã, administrador vicário de Cristo, sucessor de Pedro e Paulo? Que têm a ver com os cardeais e bispos, que fazem as vezes dos demais apóstolos? E que é mais sagrado, que é mais verdadeiro, que é mais admirável, que é mais sublime, que é mais apropriado para mover as paixões que o argumento que já havia recebido para tratar? Quem aqui, ainda que dotado de uma eloquência vulgar, não teria arrancado lágrimas até de homens de pedra?

O plano do discurso era este: que, primeiramente, tornasse lutuosa a morte de Cristo e, em seguida, por uma reviravolta do discurso em sentido contrário, tornasse-a gloriosa e triunfal, sem dúvida para dar-nos uma demonstração da famosa indignação ciceroniana, com a qual era capaz de atirar os ânimos dos ouvintes em direção a qualquer afeto que quisesse.

HIPÓLOGO: E então, teve sucesso?

BULÉFORO: Para falar a verdade, a mim, sobretudo quando ele manejava aqueles afetos trágicos a que os rétores chamavam *pathé*, me dava vontade de rir... E, em toda aquela plateia, não vi ninguém um pingo mais triste quando ele quase sempre exagerava, com as forças da eloquência, os indignos tormentos do inocentíssimo Cristo. Por outro lado, tampouco vi ninguém um tantinho mais alegre, quando ele todo se concentrou em tornar aquela morte triunfal, plausível e gloriosa para nós. Ele evocava os Décios[235] e Quinto Cúrcio,[236] que se haviam consagrado aos deuses manes pela salvação da República, assim como Cécrope,[237] Meneceu,[238] Ifigênia[239] e tantos outros, para os quais a salvação e a dignidade da pátria haviam sido mais caras do que a própria vida. Em contrapartida, deplorava muito lugubremente o fato de que privilégios

---

235 Três foram os Décios: avô, pai e filho. Os três se sacrificaram pela pátria, em episódios conhecidos como *deuotiones*. A mais famosa foi a de Publius Decius Mus, que levou Roma à vitória na batalha pela prática de um ritual, no qual ele se ofereceu aos deuses da morte e partiu para a batalha com roupas sacrificiais.
236 Na verdade, Marcus Curtius, que, em 362 a.C., atirou-se armado e sobre seu cavalo num abismo que se abriu no fórum romano e que só se fecharia, segundo o oráculo, quando fosse preenchido com a coisa mais valiosa que havia em Roma.
237 Legendário fundador e rei de Atenas, o primeiro que afirmou ter sido escolhido por Zeus. Ordenou que sacrifícios fossem feitos a ele, como divindade suprema. Mas, para Knott (nota 315, p.563), trata-se de um engano de Erasmo, que teria querido dizer Codro, rei de Atenas que sacrificou a própria vida para garantir a vitória sobre os espartanos.
238 Filho de Creonte, sacrificou a própria vida por Tebas.
239 Filha de Agamênon, sacrificada à deusa Ártemis para que os deuses permitissem que o exército grego zarpasse contra Troia.

haviam sido concedidos por decretos públicos aos homens valentes que haviam corrido perigos para vir em socorro da República (para uns, uma estátua de ouro colocada no fórum, para outros, honrarias divinas por decreto), mas Cristo, por suas boas ações, recebeu do povo ingrato dos judeus a cruz no lugar do prêmio, depois de ter sofrido duros castigos e padecido a suprema ignomínia. E assim nos apresentava como digno de compaixão aquele homem bom e inocente e que merecia o melhor de seu povo, como se deplorasse a morte de Sócrates[240] ou de Focião,[241] quando estes, sem terem cometido crime nenhum, foram obrigados a beber cicuta, pela ingratidão de seus cidadãos; ou a de Epaminondas,[242] que, por seus famosos feitos, viu-se compelido a defender-se em um processo capital perante seus concidadãos; ou a de Cipião,[243] que, depois de tantos bons serviços para a República, partiu para o exílio; ou a de Aristides,[244] a quem o povo ateniense, não suportando a inveja de seu apelido (uma vez que por sua conhecida integridade moral era chamado pelo vulgo "o

---

240 Sócrates (469-393 a.C.), filósofo ateniense imortalizado por Platão. Obrigado a beber cicuta em 393 a.C.
241 Político e general ateniense, Focião (402-318 a.C.) foi condenado injustamente a ingerir veneno. Foi reabilitado postumamente.
242 Epaminondas (IV a.C.), general tebano que reteve seu exército além da campanha pela libertação de Tebas do domínio espartano, o que configurava crime capital. Foi destituído, mas reabilitado posteriormente.
243 Conhecido como Cipião Africano, Públio Cornélio (235-183 a.C.) venceu Aníbal e livrou Roma da ameaça cartaginense. Acusado de ter sido subornado por Antíoco, morreu no exílio.
244 Aristides, nome importante no estabelecimento da supremacia ateniense no século V a.C. Condenado ao ostracismo em 482 a.C.

justo"), ordenou-lhe partir para o exílio em ostracismo.²⁴⁵ Eu pergunto: o que se poderia dizer de mais frio ou mais inepto? E, no entanto, emulou Cícero, na medida de suas forças.

De resto, nenhuma menção sobre o plano oculto do Deus supremo, que quis redimir o gênero humano da tirania do diabo desta forma inaudita, por meio da morte de seu único filho; tampouco sobre os mistérios: que é morrer com Cristo, que é ser sepultado com ele, que é ressuscitar com ele. Deplorava a inocência de Cristo, denunciava a ingratidão dos judeus; mas não deplorava nossa malícia, nossa ingratidão; nós, que, assim redimidos, enriquecidos por tantos benefícios, convocados com inaudita benignidade a tão grande felicidade, nós, em troca e no que dependia de nós, nós o crucificamos e nos voltamos para o outro lado, para a tirania de Satanás, escravos da avareza, do luxo, das volúpias, da ambição, entregues a este mundo mais do que jamais o foram os pagãos, aos quais Deus ainda não havia revelado esta celeste filosofia.

Já, por outro lado, quando tratava, com grande esforço, de nos conduzir à alegria, mais vontade eu tinha de chorar, ao ouvi-lo comparar os triunfos²⁴⁶ de Cipião,²⁴⁷ de Paulo Emílio²⁴⁸ e

---

245 Procedimento ateniense pelo qual um líder político poderia ser enviado para o exílio por dez anos. Em Plutarco, *Aristides* 7, conta-se o famoso episódio em que um ateniense analfabeto queria votar pelo ostracismo de Aristides porque já não suportava ouvir que ele era "o Justo".
246 Desfile pelas ruas de Roma de um general vitorioso e seu exército.
247 Triunfo após a queda de Aníbal.
248 Após derrotar o rei Perseu da Macedônia, em 168 a.C., teve um triunfo que durou três dias.

de Caio César[249] e os imperadores incluídos no número dos deuses[250] com o triunfo da cruz. Quem quisesse realçar com palavras a glória da cruz deveria haver tomado como modelo o apóstolo Paulo, mais do que Cícero. Quanto Paulo se exalta nesse tema, quanto cresce, se ensoberbece, reina e triunfa, como que olhando de cima todas as coisas mundanas, toda vez que começa a pregação da cruz! Que dizer ainda? Aquele romano falou de forma tão romana que eu não ouvi nada sobre a morte de Cristo. E, no entanto, parecia aos ciceronianos que aquele ambiciosíssimo candidato à eloquência ciceroniana havia falado maravilhosamente, quando não tinha dito nada sobre o assunto em questão, do qual parecia nem entender nem gostar; e tampouco dizia nada adequado, nem havia movido as paixões. Tão só apresentava o mérito de haver pronunciado à maneira romana e de haver reproduzido algo de Cícero. Poder-se-ia aprová-lo como exemplo de sua inclinação natural e de seu talento, se tal discurso tivesse sido feito por um menino perante outros meninos na escola. Mas, em um tal dia, perante tal auditório, relativo a tal tema, que estava fazendo, por favor?

NOSÓPONO: É anônima a pessoa de que falas?

BULÉFORO: Como disse, prefiro dar a entender seu nome mais do que o explicitar, pois não é nosso propósito aqui conspurcar o nome de ninguém. Mostramos antes o erro que deve ser evitado, e que hoje em dia engana a não poucos sob a sombra de um nome esplêndido. Isto é o que nos importa, Nosópono; conhecer o nome do sujeito sobre o qual contei

---
249 Em 46 a.C., desfilou no triunfo mais duradouro e mais luxuoso até então.
250 A apoteose.

essa história, isso não importa. Mas isso tudo diz respeito à glória de Cícero também, pela qual vejo que te interessas sobremaneira e pela qual os eruditos de todas as partes do mundo se interessam com razão. Pois esses símios não apenas prejudicam os estudos e os costumes da juventude, mas também obscurecem o próprio nome de Cícero, com cujo apelido se vendem, quando não há nada que sejam menos do que ciceronianos. Da mesma forma que difamam a Bento, homem de exímia piedade, toda vez que se jactam de ser beneditinos no hábito e no título mesmo aqueles que, pela sua vida, estão mais para Sardanapalo que para Bento; e difamam a Francisco, homem nada malicioso, aqueles que se jactam com seu nome, ainda que com seus costumes imitem mais aos fariseus do que a Francisco; e difamam a Agostinho aqueles que se apresentam como agostinianos, mesmo que estejam a um só tempo longe da doutrina e da piedade de tão grande homem;[251] e talvez difamem a Cristo aqueles que, à parte o título, nada têm dele; assim também lançam uma nódoa sobre a fama de Cícero aqueles que nada têm na boca além de "Cícero" e "ciceronianos", ainda que ninguém esteja mais longe da eloquência de Cícero. É admirável a arrogância com que execram a "barbárie" de Tomás,[252] Scot,[253] Durand[254]

---

251 Erasmo atacou assim as três grandes ordens: a beneditina, a franciscana e a agostiniana.
252 Tomás de Aquino (século XIII), dominicano escolástico, autor da *Summa theologica*.
253 Duns Scotus (1274-1308), franciscano escocês, escreveu comentários sobre Aristóteles, sobre a Bíblia e sobre as *Sentenças* de Pedro Lombardo. Conhecido como Doutor Sutil.
254 Gulielmus Durandus (1270/75-1334), também escreveu comentários às *Sentenças* de Lombardo. Antitomista, considerado o precursor de Occam.

e outros semelhantes; e, no entanto, se o tema for submetido a um julgamento correto, estes, uma vez que não se jactam de ser eloquentes nem ciceronianos, são mais ciceronianos do que aqueles que pretendem ser considerados já não ciceronianos, mas verdadeiros Cíceros!

NOSÓPONO: Dizes coisas monstruosas!

BULÉFORO: A verdade não é monstruosa; aquele que mente é que é um monstro. Não afirmas que o mais parecido com Cícero é aquele que fala da melhor forma possível de qualquer tema?

NOSÓPONO: Afirmo-o.

BULÉFORO: Duas coisas, sobretudo, levam ao bem falar: que tenhas um conhecimento profundo do tema sobre o qual hás de falar e, em seguida, que o coração e os sentimentos se encarreguem das palavras.

NOSÓPONO: Realmente, Horácio[255] e Fábio[256] ensinam essas coisas; e, de resto, são muito verdadeiras, mesmo sem o recurso à autoridade; por isso, não tentarei contradizer-te.

BULÉFORO: De onde, pois, tirará o nome de ciceroniano, isto é, de melhor orador, aquele que fala de temas que não conhece profundamente e que não os expõe com o sentimento do peito, para não dizer claramente que os despreza e os odeia?

HIPÓLOGO: Isso seria, sem dúvida, muito difícil. Pois como poderia um pintor, ainda que fosse um bom artista, reproduzir a figura de um homem a que nunca observou com

---

255 Horácio, *Arte poética* 309-16.
256 Quintiliano, *Institutio Oratoria* 10.6.1-4; 12. 2.

atenção ou que talvez nem tenha visto de fato? Ademais, dificilmente conseguirás deste tipo de artistas que reproduzam habilmente a realidade, a menos que gostem do tema.

BULÉFORO: Assim, os ciceronianos deveriam primeiro tratar de compreender os mistérios da religião cristã e ler os livros sagrados com não menor atenção do que Cícero leu os livros dos filósofos, dos poetas, dos jurisperitos, dos áugures e dos historiadores. Em tais matérias Cícero foi instruído. Nós, que sequer tocamos as leis de nossa profissão religiosa, ou seus profetas, ou suas histórias, ou seus intérpretes, mas antes os desprezamos e lhes temos horror, como seremos ciceronianos, afinal? Mas vamos lá, suponhamos que devemos falar perante cristãos, mas sobre um assunto profano; por exemplo, sobre a eleição de um magistrado, sobre o casamento ou sobre firmar um pacto ou sobre iniciar uma guerra; acaso nós, cristãos, falaremos dessas coisas perante cristãos do mesmo modo que Cícero, um pagão, falava perante pagãos? Acaso todas as ações de nossa vida não devem estar submetidas às regras de Cristo? Se teu discurso se afastar dessas regras, já não serás um bom orador nem um homem bom. Mas se ele não diz uma palavra que não seja tirada de sua lista, e uma vez que as realidades humanas transformadas introduziram novos vocábulos, que fará aqui esse ciceroniano, quando não os encontrar nem nos livros de Marco Túlio nem em sua própria lista? Se for rejeitado tudo o que não seja encontrado nos livros de Cícero, quando tão numerosos deles se perderam, olha que grande quantidade de palavras evitaremos como bárbaras, mas que foram transmitidas por Cícero! E, ao contrário, que grande quantidade de palavras deveria usar, se tivesse tido de falar sobre esses temas. Nunca lemos em Cícero as palavras "Jesus Cristo", "Palavra de Deus", "Espírito Santo" ou "Trindade", nem "Evangelho", nem "evangelista", nem "Moisés", nem "profeta", nem "Pentateuco", nem "salmos", nem "bispo", nem "arcebispo", nem "diácono", nem "subdiácono", nem "acólito", nem "exorcista", nem "Igreja", nem "fé", "esperança" e "caridade", nem "mesma essência das três pessoas", nem "heresia", nem "símbolo",[257] nem "sete sacramentos da Igreja", nem "batismo" ou "batista", nem "confirmação", nem "eucaristia", nem "sagrada unção", nem "penitência", nem "confissão sacramental", nem "contrição", nem "absolvição", nem "excomunhão", nem "sepultura eclesiástica", nem "missa", nem outras inumeráveis palavras das quais consiste toda a vida dos cristãos. São palavras que, seja qual for o assunto sobre o qual tratas de falar, sempre nos vêm ao encontro e se impõem mesmo àquele que não as quer.

Que fará? Para onde se voltará então o escrupuloso ciceroniano? Acaso dirá "Júpiter Ótimo Máximo" em vez de "Pai do Cristo", dirá "Apolo" ou "Esculápio" em vez de "Filho", dirá "Diana" em vez de "Rainha das Virgens", "assembleia" ou "cidade" ou "república sagrada" em vez de "Igreja", "inimigo público" em vez de "pagão", "facção" em vez de "heresia", "sedição" em vez de "cisma", "persuasão cristã" em vez de "fé cristã", "proscrição" em vez de "excomunhão", "lançar maldições" ou, o que mais faz rir a alguns, "proibir a água e o fogo"[258] em vez de "excomungar", "legados" ou "mensageiros" em vez de "apóstolos", "flâmine de Júpiter"

---

257 O credo, uso estabelecido no tempo de Cipriano.
258 Fórmula pela qual um homem era declarado fora da lei em Roma.

em vez de "pontífice romano", "pais conscriptos" em vez de "conselho cardinalício", "senado e povo da república cristã" em vez de "sínodo geral", "governadores de províncias" em vez de "bispos", "comícios" em vez de "eleição dos bispos", "decreto do Senado" em vez de "constituição sinodal", "sumo prefeito da cidade" em vez de "sumo pontífice", "sumo governador da República" em vez de "Cristo, cabeça da Igreja", "sicofanta" em vez de "diabo", "vate" ou "adivinho" em vez de "profeta", "oráculos divinos" em vez de "profecias", "banho" em vez de "batismo", "sacrifício" em vez de "missa", "sacrossanta panificação" em vez de "consagração do corpo do Senhor", "pãozinho santificado" em vez de "eucaristia", "sacrificador" ou "encarregado dos sacrifícios" em vez de "sacerdote", "ministro" ou "curião" em vez de "diácono", "munificência divina" em vez de "graça de Deus", "manumissão"[259] em vez de "absolvição"? Vês quão pequena parte de toda essa enorme turba de vocábulos abordei. Que fará então o candidato ao estilo ciceroniano? Calar-se-á ou mudará desse modo os vocábulos aceitos pelos cristãos?

NOSÓPONO: Por que não?

BULÉFORO: Suponhamos, pois, um exemplo. Esta sentença: "Jesus Cristo, Verbo e Filho do Pai Eterno, Salvador e Senhor, veio ao mundo e se fez homem segundo as profecias, entregou-se à morte espontaneamente e redimiu sua Igreja e afastou de nós a ira do Pai ofendido e nos reconciliou com Ele, para que, justificados pela graça da fé e libertados da tirania de Satanás, entremos livres na Igreja e, perseverando

---

259 Manumissão: ato de libertar um escravo.

na comunhão da Igreja, alcancemos após esta vida o reino dos céus". O ciceroniano a enunciará assim: "O intérprete e filho de Júpiter Ótimo Máximo, protetor, rei, desceu voando do Olimpo à Terra segundo as respostas dos vates e, tendo tomado figura de homem, ofereceu-se espontaneamente em sacrifício aos deuses manes em nome da salvação da República, e assim conduziu à liberdade sua assembleia (ou cidade ou República), e extinguiu o raio de Júpiter Ótimo Máximo disparado contra nossas cabeças, e nos reconciliou com ele, para que, restabelecidos à inocência pela munificência da persuasão e manumissos da dominação do sicofanta, sejamos admitidos na cidade e, perseverando na sociedade da República, possuamos, quando os fados nos chamarem desta vida, as coisas mais supremas em companhia dos deuses imortais".

NOSÓPONO: Estás brincando, Buléforo.

BULÉFORO: Pelo amor de nossa *Peithó*, digo-o a sério! E se acontecer de ser preciso tratar das questões mais difíceis de nossos dogmas, quanta luz gerará nossa discussão, se nosso discurso se apresentar adornado com tais floreios? Que mais senão fumaça lançarei nas trevas do tema? Quantas vezes o leitor terá de se deter diante desses obstáculos? Mas vê lá se é lícito brincar com a imagem de Cícero a esse ponto, que sairá daí quando o tema exigir os testemunhos das divinas Escrituras? Acaso quando tiver de citar algum dos preceitos do decálogo tão somente acrescentarei "lê a lei"? Quando tiver de proclamar uma constituição sinodal, acrescentarei "lê o decreto do Senado"? Quando tiver de extrair algum testemunho dos profetas ou dos apóstolos, bastará acrescentar "lê o testemunho"? Pois é assim que Cícero geralmente costuma fazer. E evitarei assim contaminar o estilo ciceroniano com palavras não ciceronianas?

NOSÓPONO: Mas e então? Acaso nos aconselharás o mesmo estilo em que escreveram Tomás e Scot?

BULÉFORO: Se fala melhor aquele que fala de forma mais conveniente, então é preferível falar sobre os assuntos sagrados dessa forma a imitar Cícero nestes temas. Embora haja um meio termo entre os Scots e os símios de Cícero. E não é inevitavelmente mau latim aquele que não esteja em Cícero, que, como já se disse várias vezes, não nos chegou inteiro; e, mesmo se tivesse chegado, ele não tratou de todas as matérias; e, mesmo que tivesse tratado de todos os temas de sua época, não tratou de nossos assuntos, nem os conheceu. Por último, no que diz respeito à propriedade e elegância do discurso, Marco Varrão[260] não foi inferior a Cícero, e, a esse respeito, é preferível Caio César.[261] Pois Marco Túlio não foi o criador e o pai da língua latina,[262] mas o maior orador e o primeiro em reputação nas execuções das causas civis; mas, em outras coisas, foi inferior a outros: insípido na poesia, pouco feliz na tradução do grego, e é incerto o que teria sido em outros gêneros. Se eu tiver de falar sobre o casamento, cuja condição é muito diferente agora da que foi outrora e sobre a qual Marco Túlio não deixou nenhuma notícia, acaso terei medo de colher

---

260 Marcus Terentius Varro, contemporâneo de Cícero e autor de vários livros, dos quais poucos chegaram até nós. Quintiliano, *Institutio Oratoria* 10.1.95 e 99 menciona a perícia de Varrão na língua latina.
261 Quintiliano, *Institutio Oratoria* 10.1.114.
262 No Renascimento em geral, e para os ciceronianos em particular, Cícero era o *parens linguae latinae*.

as opiniões e as palavras de Aristóteles,[263] de Xenofonte,[264] de Plutarco,[265] das sagradas escrituras, de Tertuliano,[266] de Jerônimo[267] e de Agostinho,[268] apenas para não parecer pouco ciceroniano? Da mesma forma, se tiver de dar preceitos sobre a agricultura, não será lícito extrair de Virgílio,[269] Catão,[270] Varrão[271] ou Columella[272] as expressões que me agradem? Se tudo o que é novo e nascido recentemente for considerado bárbaro, não há palavra que não tenha sido bárbara alguma vez.

Quantas palavras novas encontrarás no próprio Cícero, principalmente naqueles livros em que trata da arte retórica ou da filosófica! Quem antes de Cícero ouviu *beatitas* e *beatitudo*,[273] "beatitude"? Soa como, entre os latinos, *finis bonorum*,[274] "a delimitação do bem", que para ele significa bem supremo ou aquilo de que se constitui a suprema felicidade? Soa como, para nós, *uisum* e *uisio* e *species*,[275] "imagem mental", *praeposi-*

---

263 *Política* 2.2 ss, 7.16.
264 Discorre sobre a educação de uma esposa em *Oeconomicus*.
265 *Praecepta coniugalia*.
266 *Ad uxorem, De monogamia, Exhortatio ad castitatem*.
267 *De monogamia*.
268 *De nuptiis et concupiscentia* e *De bono uiduitatis*.
269 As *Geórgicas* é um poema didático sobre a agricultura e a vida no campo.
270 *De re rustica*.
271 *De re rustica*, sua única obra que chegou a nossos dias.
272 Escreveu dez livros sobre a vida campestre, nove em prosa e um em versos.
273 Palavras inventadas por Cícero, que apareceram pela primeira vez em *De natura deorum* 1.95. Foram comentadas por Quintiliano, *Institutio Oratoria* 8.3.32.
274 *De finibus bonorum et malorum*, discussões sobre o bem e o mal. Sobre o significado do termo *finis*, ver *De finibus* 3.26, 5.23.
275 Palavras empregadas por Cícero para traduzir conceitos gregos.

tum e *reiectum*,²⁷⁶ "o que avançou, o que foi relegado"? Soam como, para os ouvidos latinos, os termos *occupatio*, "antecipação da réplica", como *contentio*, "antítese", como *superlatio*, "hipérbole", como *complexio*, "resumo", como *traductio*, "transferência", como *frequentatio*, "recapitulação condensada", *licentia*, "fala fluente", *gradatio*, "clímax", como *status* e *constitutio*, "o ponto em questão", como *iudicatio*, "definição", como *continens*, "argumento central", como *firmamentum*, "o fundamento da questão", como *demonstratiuum genus*, "gênero demonstrativo", como *inductio*, "indução", como *propositum*, "premissa", como *aggressio*, "silogismo", como *insinuatio*, "abordagem indireta", como *acclamatio*,²⁷⁷ "encerramento conciso", como outras inúmeras palavras que ou ele se atreveu a criar, pois antes eram inéditas para os latinos, ou distorceu para uma significação que o povo latino não conhecia? E isso ele, mesmo sob os protestos de sua época, não hesitou em fazer, quando transmitia aos ouvidos latinos as doutrinas dos filósofos gregos; e, para explanar o que havia nos preceitos dos rétores com vocábulos peculiares, encontrados propriamente para isso, concedeu a cidadania romana a algumas palavras peregrinas.²⁷⁸ E nós cremos que se cometeu um sacrilégio, se usamos algumas palavras novas para as novas realidades?

Não há arte humana à qual não concedamos o direito de empregar seu vocabulário próprio. É lícito aos gramáticos dizer "supino" e "gerúndio"; aos matemáticos, "sesquiáltera"

---

276 Termos ciceronianos para traduzir do grego conceitos estoicos.
277 Termos técnicos da *Retórica*, encontrados também em Quintiliano, na *Retórica a Herênio* etc.
278 Expressão usada por Sêneca em *Epistulae morales* 120.4.

e "superbipartiente";[279] os agricultores e os artesãos têm as palavras próprias de suas artes; e nós misturaremos o céu com a terra se explicarmos os mistérios de nossa religião com palavras próprias? Alguns termos hebraicos, muitos derivados do grego (uma vez que a filosofia cristã estendeu-se até nós primeiramente da Palestina, da Ásia Menor e da Grécia), foram inventados juntamente com as próprias realidades, tais como "hosana", "amém", "igreja", "apóstolo", "bispo", "católico", "ortodoxo", "herético", "cisma", "carisma", "dogma", "crisma", "Cristo", "batismo", "paracleto", "evangelho", "evangelizar", "evangelista", "prosélito", "catecúmeno", "exorcismo", "eucaristia", "símbolo",[280] "anátema"; os antigos mestres da religião cristã usaram algumas palavras para que pudessem discorrer de forma mais adequada sobre temas tão sublimes, tais como *homoousios*, que traduzimos como "consubstancial", "fé", "graça", "mediador" e algumas outras que até então ou eram inauditas para os latinos ou nunca haviam sido empregadas com esse sentido.

Acaso, pois, ser chamado de ciceroniano será tão importante para nós que, acerca das coisas de que só nós podemos tratar, nós, ao contrário, silenciaremos? Ou nos absteremos dessas palavras, quer transmitidas pelos apóstolos, quer inventadas pelos antigos e admitidas até o dia de hoje pelo consenso de tantos séculos, cada um imaginando a seu próprio capricho outras palavras no lugar dessas? E mais, primeiro os gregos e em seguida os latinos acolheram no vocabulário de suas

---

279 "Três sobre dois" e "cinco sobre três", termos matemáticos explicados por Boécio em *De arithmetica* 1.28.

280 No sentido de "credo".

nações o mel, a pimenta e a mostarda;[281] e nós desdenhamos algumas palavras que nos foram transmitidas juntamente com aquela celeste filosofia, como de mão em mão, por intermédio de Cristo, por intermédio dos apóstolos, por intermédio dos pais inspirados pelo Espírito Santo, e entretanto recorremos a Cícero como origem de onde havemos de tomar emprestadas as palavras? Isso é *en teh phakeh muron*,[282] como se costuma dizer entre os gregos!

Se alguém discutir conosco segundo o direito estrito, dirá antes que as palavras, figuras e ritmos de Cícero é que desfiguram a majestade da filosofia cristã. Mas eu não concordo com eles; em qualquer que seja a matéria, agradam-me o brilho e a elegância do discurso. Mas o cristão que, entre cristãos, fala sobre um tema cristão da forma como o Cícero pagão falou outrora de assuntos profanos entre pagãos, este não fala à maneira ciceroniana. Esta seria assim: como Cícero, se estivesse vivo e fosse cristão, dotado daquele talento que tinha então, daquele domínio do discurso, falaria hoje em dia entre cristãos, com o mesmo conhecimento de nossos temas com que fora instruído então nos profanos e, por fim, inflamado por um zelo de piedade para com a República Cristã, do mesmo modo que então ardia de zelo para com a cidade de Roma e a majestade do nome romano. Que se apresente aquele que for capaz de fazê-lo e com a consciência tranquila consentiremos em chamá-lo ciceroniano, já que tanto se deixa levar pelo amor a este nome! O próprio Marco Túlio,

---

281 Quando esses produtos foram introduzidos, seus nomes também foram adotados.

282 Em grego no original: "Pôr óleo doce na lentinha", ou seja, usar alguma coisa fora de propósito e de lugar.

se estivesse vivo no atual estado de coisas, não julgaria o nome de Deus Pai menos elegante do que o de Júpiter Ótimo Máximo, nem consideraria menos decoroso conformar-se ao discurso, se Jesus Cristo fosse mencionado repetidamente, em vez de Rômulo, Cipião Africano, Quinto Cúrcio ou Marco Décio. Nem estimaria menos esplêndido o nome da Igreja católica do que o dos pais conscriptos, do que o dos quírites,[283] do que o do senado e povo romano. Diria conosco "fé em Cristo", chamaria "infiéis" aos que estão afastados de Cristo, diria "Espírito, o Paracleto", diria "Santa Trindade". O que digo pode ser concluído com argumentos prováveis. Acaso seu zelo pela elegância o impediu de usar nas *Filípicas*,[284] enquanto lia a fórmula do decreto do Senado, palavras mais solenes do que latinas? Acaso não utiliza nos *Tópicos* palavras próprias dos jurisconsultos, totalmente estranhas ao estilo retórico?[285] Acaso teria ele desdenhado as palavras específicas de nossa filosofia?

NOSÓPONO: A mim me parece que realmente declamas muito bem.

BULÉFORO: Acaso a graça do discurso não depende em boa parte dos sabores dados pelas alusões? Mas de onde Marco Túlio tira estes condimentos? Não os toma de Homero, Eurípides, Sófocles, Ênio, Lucílio, Ácio, Pacúvio, Névio[286] e também dos livros dos filósofos e historiadores?

---

283 Título empregado para se dirigir aos cidadãos de Roma.
284 Por exemplo, 1.26.
285 *Topica* 15, por exemplo.
286 Quando Cícero citava os autores gregos, dava sua própria tradução para o latim.

NOSÓPONO: Está claro que sem estes ornamentos o discurso seria sórdido e trivial. Estes, como pedras preciosas ou flores costuradas a um tecido, tornam o que está escrito admirável.

BULÉFORO: Mas e então? Se os tomarmos de Virgílio, Flaco, Ovídio, Sêneca, Lucano e Marcial,[287] acaso seremos dessemelhantes de Cícero nessa parte?

NOSÓPONO: Permitem isso, mas de má vontade. É que, em Cícero, tem não sei que majestade a antiguidade das citações que faz.

BULÉFORO: Que acontece, então, para que consideremos todo o nosso discurso conspurcado, se os condimentos que Cícero, um pagão, tomava de autores pagãos, nós os tomamos dos mais antigos profetas, de Moisés, dos salmos, dos evangelhos e das cartas dos apóstolos? Se misturamos ao nosso discurso algum dito de Sócrates, consideramos tal acréscimo uma admirável pedra preciosa; mas cremos ter surgido uma mácula se misturarmos algo vindo dos provérbios de Salomão? Ou acaso Salomão conta para nós menos que Sócrates? Se intercalarmos algo das frases de Píndaro ou de Flaco, o discurso brilha; mas se torna sórdido se apropriadamente entrelaçarmos algo dos Salmos sagrados? Julgamos que, se inserirmos alguma sentença de Platão, isso acrescenta peso e majestade ao discurso; mas, se lhe acrescentarmos alguma sentença de Cristo tomada das letras evangélicas, achamos que o discurso perdeu muito em graciosidade? De onde vêm estes julgamentos tão às avessas? Acaso admiramos mais

---

287 Poetas romanos posteriores a Cícero.

veementemente a sabedoria de Platão do que a de Cristo? Acaso os livros produzidos pela inspiração do Espírito celeste nos parecem mais sórdidos do que os escritos de Homero, Eurípides ou Ênio?

Deixemos de lado aqui a menção ao Espírito Santo, para não parecer que comparamos as coisas divinas com as humanas. A História, se lhe tiras a credibilidade, nem merece o nome de História. Compara-me agora, se te apraz, o contador de fábulas Heródoto[288] com Moisés; compara a história da criação do mundo e do êxodo do Egito com as fábulas de Diodoro;[289] compara os livros dos Juízes e dos Reis com Tito Lívio,[290] que não raro se contradiz na narração dos fatos históricos e tão longe está de não se afastar nunca da verdade; compara Platão com Cristo, a *eirohneias*[291] de Sócrates com os oráculos celestes de Cristo; compara os Salmos, que não exalam nada de humano, com as adulações de Píndaro;[292] compara o cântico de Salomão com as nênias de Teócrito. Quer prestes atenção às personagens, quer aos temas, não há comparação possível. A sabedoria divina tem sua eloquência própria, e não é de se estranhar que seja algo diferente da demostênica ou da ciceroniana, uma vez que o traje apropriado para a esposa do rei supremo é um e para a amante do soldado fanfarrão é outro.

---

288 Historiador do século V a.C., considerado "o pai da História". Vives o chamou de "o pai das mentiras".

289 Diodorus Siculus, historiador grego do século I a.C., que escreveu uma *História* em quarenta volumes.

290 Historiador romano que escreveu a história de Roma em 142 livros.

291 Em grego no original: ironia. Sócrates tinha como método fingir ignorância.

292 As *Odes de Píndaro* elogiavam os vencedores dos festivais de atletismo na Grécia.

Eu tinha de dizer isso, para o caso de alguém começar a comparar as palavras com as palavras, as figuras com as figuras, os ritmos com os ritmos. Acaso "templo tessálio"[293] soa mais doce a nossos ouvidos do que "monte Sião"? Acaso a expressão "concedido pelos deuses imortais" tem mais majestade do que "concedido por Deus Pai"? Acaso "Sócrates, filho de Sofronisco" é mais agradável a nossos ouvidos do que "Jesus, Deus filho de Deus"? Por que "Aníbal, general dos cartagineses" lisonjeia mais nossos ouvidos do que "Paulo, doutor dos gentios"? Se considerares ambas as personagens, aquela tramava a queda do Império Romano, esta segunda introduziu nele a filosofia da salvação. Se comparares as palavras, que diferença há, por favor?

HIPÓLOGO: Se quisermos confessar a verdade, nenhuma, a não ser aquilo que perante o homem tem muito valor: uma convicção que nos dominou a alma de uma vez por todas, uma ideia que cavou fundo. Nós aceitamos isto, isto se arraigou profundamente em nossos espíritos: que aquelas palavras são polidas e esplêndidas, enquanto que estas são desagradáveis e bárbaras.

BULÉFORO: Puseste o dedo na ferida. Mas o que convenceu de tal coisa nossos espíritos?

HIPÓLOGO: Não o sei.

BULÉFORO: A própria realidade?

HIPÓLOGO: Não o creio.

---

293 Famoso *locus amoenus* da poesia clássica, cantado por Horácio, *Carm.* I.7.4.

BULÉFORO: Queres que te diga a verdade nua e crua?

HIPÓLOGO: Por mim, fala impunemente.

BULÉFORO: Espero a decisão deste.

NOSÓPONO: Faze uso do direito que te concedemos por acordo.

BULÉFORO: Mas temo que pareça pouco ciceroniano o que hei de dizer.

NOSÓPONO: Isso agora não importa.

BULÉFORO: É o paganismo.[294] Crê-me, Nosópono, é o paganismo que convence dessas coisas nossos ouvidos e corações. Somos cristãos só de nome; nosso corpo foi banhado com água benta, mas nossa mente não está lavada; nossa fronte foi marcada com o sinal da cruz, mas nosso espírito execra a cruz; confessamos a Jesus com a boca, mas é Júpiter Ótimo Máximo e Rômulo que levamos no peito. Caso contrário, se realmente fôssemos o que dizemos ser, que nome, afinal, poderia haver de mais prazeroso para nossos pensamentos e ouvidos do que o nome de Jesus? Por meio dele fomos afastados de tão grandes males e por sua gratuita benignidade somos chamados a tão grande dignidade e convidados à felicidade eterna; à sua menção, estremecem os espíritos ímpios, inimigos mais do que capitais do gênero humano, e as inteligências etéreas

---

294 Em latim, *paganitas*, que me parece mais amplo do que *paganismus*, este talvez restrito ao aspecto religioso, enquanto aquela, mais abrangente, envolveria também questões culturais. A acusação de paganismo foi uma das mais recorrentes nos textos de Erasmo contra os ciceronianos italianos.

curvam as cabeças e os joelhos. Este nome é tão poderoso que, à sua invocação, os demônios fogem, as doenças incuráveis cedem e os mortos ressuscitam; é tão brando e amigo que não há nenhuma calamidade tão amarga que não possa ser aliviada com grande consolo se pronunciares o nome de Jesus de coração. E vamos nos convencer de que sujamos o brilho do discurso com este nome, enquanto que Aníbal e Camilo[295] são verdadeiras luzes do discurso? Rejeitemos, arranquemos, extirpemos de nosso espírito este paganismo, abramos um coração verdadeiramente cristão para nossa leitura e veremos uma estrela luminosíssima acrescentada a nosso discurso cada vez que lhe inserirmos o nome de Jesus Cristo; veremos como se lhe soma uma pedra preciosa magnífica cada vez que lhe for introduzido o nome da Virgem mãe, o de Paulo ou de Pedro; veremos como se lhe agrega muito decoro cada vez que virmos intercalada uma sentença tirada do mais recôndito santuário das sagradas escrituras ou do depósito de incensos ou perfumes do Espírito Santo. Uma somente, no lugar certo, trazida da alma, e veremos como se acrescenta muito mais dignidade ao nosso discurso do que se lhe fossem acrescentadas dez mil frases tiradas dos escritos de Ênio ou Ácio, que são consideradas por eles as mais elegantes.

HIPÓLOGO: Com esse pacto certamente se evita que os teólogos em algo nos acusem de hereges.

---

295 Herói da república romana, famoso por derrotar os invasores gauleses em 367 a.C.

BULÉFORO: Já se algo foi ornamentado em tropos e figuras, isso nos é inteiramente comum com Cícero; mas, pela majestade e credibilidade dos temas, somos de longe superiores a ele. Tanto nos ilude a fantasia pagã acerca das palavras, tanto nos engana nosso sentimento pouco cristão! E mais, nos repugnam as coisas que, por sua própria natureza, são belíssimas, porque não as amamos — e tomara que não as odiemos! Assim como, segundo a sentença de Teócrito,[296] até as coisas que não são belas são belas para o amante, assim também não há nada que não seja feio para o ódio. Chegarei às alusões; se as tirares, bem sabes quanto o discurso perde em encanto. Por que aqui nos agrada mais vivamente se alguém, querendo dizer que uma pessoa se misturou indecorosamente em um rebanho alheio, disser "terias visto a erva entre as hortaliças"[297] do que se disser "terias visto Saul entre os profetas"?[298] Ou se, querendo dizer algo feito ou dito inoportunamente disser "perfume na lentilha"[299] mais que "um anel de ouro no nariz de um porco"?[300] Ou se, querendo dizer que não se deve confiar na fortuna, mas na boa consciência, disser "deve-se colocar a esperança no auxílio de uma âncora"[301] mais do que se disser "deve-se apoiar em uma pedra sólida"?[302] Ou se alguém, querendo que a atribuição do homem bom seja servir aos interesses alheios, mais que levar em conta a própria

---

296 *Idil.* 6.18-19.
297 *Adagia* I.7.21.
298 I *Re* 19:34. Ou I *Sam.* 19.24.
299 Ibid., 1.7.23.
300 Ibid., 1.7.24 e *Prv.* 11:22.
301 Ibid., I i 24.
302 *Lc* 6:48.

utilidade, disser que "nada convém menos ao homem cristão do que agir como o citarista Aspêndio"[303] mais do que se disser, aludindo ao dito de Paulo, que "o que é lícito deve ser mais observado do que o que é conveniente"?[304] Se eu persistisse nisto, seria coisa de um volume inteiro, mas já tenho o suficiente com o que apontei.

Como ficamos boquiabertos, como ficamos estupefatos quando encontramos alguma estátua das divindades antigas, ou mesmo um fragmento de estátua: mas dificilmente olhamos para as imagens de Cristo e dos santos com olhos favoráveis! Como admiramos um epigrama ou epitáfio encontrado em certa pedra desgastada: "a Lúcia, esposa caríssima, morta antes do tempo, Marcelo erigiu este altar aos deuses manes. Ai de mim, infeliz! Por que vivo?"! Embora em monumentos desse tipo encontremos frequentemente não somente ideias ineptas e pagãs, mas também grandes solecismos, no entanto beijamos, veneramos e quase adoramos sua antiguidade, enquanto caçoamos das relíquias dos apóstolos. Se alguém mostrar algo das Doze Tábuas,[305] quem não o julgará digno do lugar mais sagrado? Mas e as leis escritas nas tábuas[306] pelo dedo de Deus, quem de nós as venera, quem as beija? Que deleite encontramos na imagem de Hércules, ou de Mercúrio, ou da Fortuna, ou da Vitória, ou de Alexandre Magno ou de qualquer césar gravada em uma moeda! E ridicularizamos como supersticiosos aqueles que consideram entre

---

303 Cícero, *Verrinas* 2.1.53: Aspêndio tocava tão baixo que ninguém podia desfrutar de sua música.
304 I *Cor* 6,12.
305 Código de lei romano, produzido no século V a.C.
306 *Ex* 32:15; *Deut* 9:10.

as coisas queridas o lenho da cruz e as imagens da Trindade ou dos santos!

Se alguma vez contemplaste em Roma os *mouseia*[307] dos ciceronianos, recorda, por favor: porventura viste em alguma parte a imagem do crucifixo, da sagrada Trindade ou dos apóstolos? Encontrá-los-ás todos cheios de monumentos do paganismo. E, nos quadros, o Júpiter que deslizou por meio da chuva ao seio de Dânae[308] cativa mais nossos olhos do que Gabriel anunciando a concepção celeste à Virgem sagrada;[309] Ganimenes, raptado pela águia,[310] deleita mais vivamente do que Cristo ascendendo ao céu; as representações das bacanais[311] ou das terminais,[312] cheias de torpeza e de obscenidade, detêm nossos olhos mais agradavelmente do que Lázaro chamado de volta à vida[313] ou Cristo batizado por João.[314] Estes são os mistérios que se escondem sob o véu do nome ciceroniano. Crê-me, por meio desse título especioso estendem-se armadilhas para os simples e para os jovens, suscetíveis à fraude. Não nos atrevemos a declarar nosso paganismo. Mostramos

---

307 Em grego no original: museus. Coleções de antiguidades feitas por muitos italianos. A casa de Pietro Bembo em Pádua era conhecida por tal coleção.

308 Júpiter visitou Dânae na forma de uma chuva de ouro, após a qual ela concebeu Perseu. Ovídio, *Metamorfoses*. 4.611.

309 *Luc* 1, 26-38; *Mt* 1, 18.

310 Menino que Júpiter, em forma de águia, carregou para o céu.

311 Festas em honra a Baco, frequentemente consideradas violentas ou obscenas.

312 Terminalia, festa romana celebrada no dia 23 de fevereiro; citada por Ovídio, *Fasti* 3.639 ss.

313 *Jo* 11, 38-44.

314 *Mt*. 3:13; *Mc* 1:9; *Lc* 3:21.

o nome de ciceronianos. Mas e quando seria melhor sermos mudos do que chegar a esse estado?

NOSÓPONO: Esperava que apoiasses nossos esforços. Mas, não sei como, tu te dispersaste para outra coisa, e estás abalando minha disposição, a fim de que não persista naquilo que empreendi.

BULÉFORO: Já o disse e to repito: não afasto teu ânimo de empresas preclaras, mas antes o elevo a outras melhores. E mais, nem rememorei todas essas coisas porque te julgo afim a tais sentimentos, mas porque, no que está em meu poder, empenho-me em que obtenhamos com êxito a eloquência ciceroniana, para que não aconteça de que nós, procedendo com afinco, mas com critérios pouco corretos, não alcancemos nada a não ser que, enquanto nos esforçamos para ser considerados ciceronianos, não sejamos ciceronianos em nada. Se ao menos confessares que é regra aquilo que admitiste, a saber, que é próprio de Cícero falar o melhor possível e que nem sequer fala bem quem não fala convenientemente, então fria e morta é a fala que não sai do coração.

NOSÓPONO: Como se dará então que nos tornemos um dia realmente ciceronianos? Pois não levarei a mal seguir teu plano, se tiveres algum mais correto do que o meu.

BULÉFORO: Aqui está o que eu poderia desejar para nós, o que poderia aconselhar-te, aliás não muito. Posso desejar para nós o talento e a natureza de Cícero; não posso dar-no-los. Cada talento humano tem algo próprio e genuíno, coisa que tem um poder tão grande que aquele que foi feito pela natureza para este ou aquele gênero de eloquência em vão se esforçará para um diferente. Pois a ninguém caiu bem a *theomachia*,[315] como os gregos costumam dizer.

NOSÓPONO: Sei que Quintiliano[316] aconselhava vivamente isso que dizes.

BULÉFORO: Seja, pois, este o primeiro conselho: que ninguém cujo talento seja totalmente incompatível com o talento de Cícero dedique-se a reproduzir a Cícero. Se não, acabará semelhante a um monstro aquele que, tendo abandonado sua própria forma inata, não alcance tampouco a alheia. Logo, a primeira coisa que se deve examinar é esta: para qual estilo oratório a natureza te forjou. E, com efeito, se os astrólogos têm alguma credibilidade, ninguém é afortunado por acaso naquilo que é incompatível com seu nascimento. Quem nasceu para as musas nunca terá êxito na guerra. Quem nasceu para a guerra nunca escreverá bons poemas. Quem nasceu para o casamento nunca será um bom monge. Quem nasceu para a agricultura nunca achará próspero o palácio, e vice-versa.

NOSÓPONO: Mas não há nada que o "trabalho tenaz"[317] não possa vencer! Vemos como, pelo artifício humano, a pedra é transformada em água, o chumbo em prata, o bronze em ouro, como o talento despoja as plantas de sua natureza silvestre. Que impede que o talento de um homem se transforme com a arte e com a prática?

BULÉFORO: A aplicação ajuda uma natureza hábil, atrai a ligeiramente afastada e corrige a corrompida; mas, em

---

315 Em grego no original: batalha com os deuses.
316 Quintiliano, *Institutio Oratoria* 10.2.4ss.
317 *Labor improbus*. Virgílio, *Geórgicas* 1.145-146.

contrapartida, quando está completamente afastada e feita para coisas diferentes, atormentá-la-ás em vão, Nosópono. O cavalo aprende a dar voltas em círculo, aprende a avançar passo a passo; mas em vão conduzirás o boi ao combate, em vão levarás um cachorro para o arado, em vão um búfalo a uma competição equestre. A água talvez se transforme em ar e o ar em fogo, se é que o fogo é realmente elementar, mas a terra nunca se transforma em fogo nem o fogo em água.

NOSÓPONO: Mas que impede que acomodemos o estilo de Cícero a qualquer matéria?

BULÉFORO: Confesso que há em Marco Túlio certas características gerais que podem ser transferidas para qualquer argumento, tais como a pureza, a clareza, a elegância da fala, a ordem e outras deste tipo; mas isso não basta aos símios de Túlio, que exigem toda a sua aparência formal. Coisa que, ainda que pudesse ser feita de alguma forma em certas matérias afins, certamente nestas, que são totalmente diferentes, é absolutamente impossível. Reconheces, creio, que Marão[318] ocupa o primeiro lugar entre os poetas latinos, da mesma forma que Marco Túlio entre os oradores.

NOSÓPONO: Reconheço-o.

BULÉFORO: Vá lá, se te preparares para escrever um poema lírico, a quem tomarás por modelo, a Horácio ou a Marão?

NOSÓPONO: A Horácio, que é o melhor neste gênero.[319]

BULÉFORO: E se for uma sátira?

---
318 Virgílio. Ver Quintiliano, *Institutio Oratoria* 10.1.85-6.
319 Ibid., 10.1.96.

NOSÓPONO: Muito mais.

BULÉFORO: E se preparas uma comédia?

NOSÓPONO: Recorrerei ao modelo terenciano.

BULÉFORO: Não é de se estranhar, pela notável semelhança de argumento.

NOSÓPONO: Mas o estilo tuliano tem um não sei quê de particular felicidade.

BULÉFORO: Com outras tantas palavras eu poderia também dizer: não sei que imoderado amor por Cícero engana a muitos. Pois aplicar o estilo de Marco Túlio a uma matéria completamente diversa é tornar-se dessemelhante dele. E não é necessário tentar ser idêntico, se chegar a ser parecido ou certamente próximo, ainda que dessemelhante. Que há de mais dessemelhante que uma esmeralda e um rubi? E, no entanto, são iguais no preço e na elegância. Dessemelhante é a rosa do lírio, diverso seu perfume, e, no entanto, cada uma destas duas flores iguala a outra. Acaso não viste às vezes duas meninas de rosto diferente, mas ambas de tal beleza que sua excelência haveria de tornar incerta a eleição, se a alguém fosse dado escolher? Como antes havíamos começado a dizer, aquele que chega mais perto da imagem de Cícero não é automaticamente melhor. Nenhum animal está mais próximo da figura humana em todos os membros do que o macaco, a tal ponto que, se a natureza lhe houvesse acrescentado a voz, poderia parecer um homem; não há nada, porém, mais dessemelhante ao homem do que um pavão ou um cisne, e, no entanto, preferirias ser um cisne, creio, ou um pavão, a ser um macaco.

HIPÓLOGO: Eu preferiria ser um camelo ou um búfalo a ser o mais belo dos macacos.

BULÉFORO: Dize-me, Nosópono, que voz preferirias que te fosse dada, a de um rouxinol ou a de um cuco?

NOSÓPONO: A de um rouxinol.

BULÉFORO: E, no entanto, o cuco chega mais perto da voz do homem. E que preferirias, cantar com as cotovias ou grasnar com os corvos?

NOSÓPONO: Cantar com as cotovias.

BULÉFORO: E, no entanto, a voz dos corvos é mais semelhante à humana. E que preferirias, zurrar com os asnos ou relinchar com os cavalos?

NOSÓPONO: Relinchar com os cavalos, se a necessidade dos fados me obrigasse a ser um ou outro.

BULÉFORO: E, no entanto, o asno tenta, por assim dizer, falar à maneira humana.

NOSÓPONO: Creio, porém, que minha Minerva[320] não está afastada do talento de Cícero a esse ponto... Ademais, a preparação completar-lhe-á o que falta à natureza. Por essa razão, procura acabar com o que julgas aconselhar-me.

BULÉFORO: Fazes bem em reconduzir-me ao caminho, pois minha fala estava a ponto de divagar. O principal é que façamos aquilo que realmente desejamos, isto é, que imitemos Cícero inteiro, embora não esteja inteiro nem em suas palavras, nem em suas fórmulas, nem em seus ritmos, nem em seus

---

320 Talento natural.

escritos; mais ainda, mal e mal está reduzido à metade, como já se demonstrou suficientemente antes.

NOSÓPONO: Onde, pois, está inteiro?

BULÉFORO: Em parte alguma, senão em si mesmo. E, se queres reproduzir Cícero inteiro, não podes expressar a ti mesmo. E, se não podes expressar a ti mesmo, teu discurso será um espelho enganoso e parecerá não menos absurdo do que se, tendo coberto tua cara com enfeites, simulares ser Petrônio, em vez de Nosópono.

NOSÓPONO: Falas por enigmas.

BULÉFORO: Falarei mais grosseiramente. Deliram aqueles que se atormentam em reproduzir Cícero inteiro por estes métodos, coisa que não pode ser feita, mesmo se for conveniente, nem tampouco convém, se puder ser feita. No entanto, ele pode ser reproduzido inteiro desta forma: se tentarmos não repetir suas mesmas virtudes, mas reproduzi-las parecidas por imitação sua ou, se for possível, até superá-las. Pois pode acontecer que o mais ciceroniano seja aquele que é o mais dessemelhante de Cícero, isto é, aquele que fala da forma melhor e mais conveniente, ainda que fale de modo diferente, uma vez que é evidente que as coisas mudaram por completo. Por exemplo, um imitador de Apeles quer pintar, agora velho, um homem a quem Apeles havia pintado quando jovenzinho. Se quiser pintar do mesmo modo alguém que já se transformou em outra pessoa, por isso mesmo será dessemelhante a Apeles.

HIPÓLOGO: É um enigma digno da Esfinge que alguém seja dessemelhante a outro precisamente pelo que é similar!

BULÉFORO: Acaso não ocorreria o mesmo se alguém cantasse em um funeral do mesmo modo que Hermógenes[321] costumava cantar epitalâmios, ou se alguém defendesse uma causa perante os areopagitas com a mesma gesticulação com a qual Roscio[322] costuma saltitar no teatro? Verdadeiramente, ser-nos-á lícito aspirar à semelhança de Cícero na medida em que obtivermos a palma da eloquência dando os mesmos passos com que ele a alcançou.

NOSÓPONO: Quais?

BULÉFORO: Acaso Cícero se entregou à imitação de um único modelo? De forma alguma, mas empenhou-se em reproduzir o que fosse mais conveniente de cada um dos principais autores.[323] Nessa tarefa, Demóstenes era seu modelo principal, mas não o único; nem se propôs imitá-lo ao ponto de reproduzi-lo inteiro, mas a ponto de escolher as características pertinentes; tampouco se contentaria em segui-lo, mas, prudente em sua seleção, evitava certos defeitos e corrigia alguns outros, e emulava os aspectos que aprovava a ponto de tentar superá-lo. Para isso, encheu abundantemente a despensa de seu peito com o conhecimento de todas as disciplinas, autores, matérias antigas e novas: estudava diligentemente as famílias de sua cidade, seus ritos, instituições, leis, editos, plebiscitos. E não convivia apenas nos santuários dos filósofos, mas também recolhia-se de tempos em tempos

---

321 Tigellius Hermogenes de Tarso, cantor contemporâneo de Horácio, que o satirizou em *Satiras* I.2.3, I.10.90.
322 Quintus Roscius Galo, célebre ator romano, contemporâneo de Cícero. Citado em *De oratore* 1.130 como exemplo para a *actio*.
323 Quintiliano, *Institutio Oratoria* 10.1.109.

ao retiro das Musas; de uns, aprendia a pronúncia; de outros, os gestos.[324] Quem fizer exatamente o mesmo sairá muito dessemelhante a Marco Túlio; quem fizer algo parecido ou similar, este merecerá o apelido de ciceroniano.

NOSÓPONO: Dize-o mais claramente.

BULÉFORO: Quem se exercitar no conhecimento da filosofia cristã com igual empenho com que ele se exercitou na profana; quem se embeber de salmos e profetas com o mesmo sentimento com que ele bebeu os livros dos poetas; quem se empenhar em conhecer os decretos dos apóstolos, os ritos da Igreja, os primórdios, o progresso e a decadência da República cristã com tão grande atenção quanto aquela com que ele trabalhou para aprender a fundo o direito e as leis da cidade de Roma, das províncias, dos municípios e dos aliados; quem então acomodar às circunstâncias presentes aquilo que adquiriu com todos esses estudos, este poderá com algum direito ambicionar o nome de ciceroniano.

NOSÓPONO: Não vejo a que se dirigem todas estas reflexões tuas, a não ser a que falemos cristãmente, não ciceronianamente.

BULÉFORO: Quê! Acaso é ciceroniano para ti aquele que nem fala convenientemente nem entende os temas sobre os quais fala?

NOSÓPONO: De forma alguma.

BULÉFORO: Mas a isso se dirigem os estudos daqueles que querem agora ser tidos por ciceronianos. Estamos inquirindo

---

324 Ver Plutarco, *Cícero* 5.3.

para que isto não nos aconteça! Nada impede que um mesmo autor fale tanto cristã quanto ciceronianamente se ao menos reconheces que ciceroniano é aquele que fala claramente, copiosamente, veementemente e adequadamente, no interesse da natureza do assunto e da condição dos tempos e das pessoas. Pois alguns defenderam que a faculdade do bem falar não está na arte, mas na prudência.[325] E o próprio Marco Túlio, nas *Partições*,[326] definiu elegantemente a eloquência como "a sabedoria que fala copiosamente". Não resta dúvida de que ele mesmo perseguiu esse tipo de eloquência. Quão distantes desta fórmula, bom Deus, estão aqueles que querem falar à maneira de Cícero de coisas totalmente diferentes, que eles nem compreendem nem amam! Quanto ao fato de que tudo o que diverge de Cícero nos pareça ser um sórdido solecismo, trata-se de um sonho pernicioso e mentiroso de nossa mente, o qual devemos afastar para longe de nós se quisermos alcançar entre os cristãos a mesma glória que Cícero alcançou entre os seus. "O saber é o princípio e a fonte do bem escrever", diz o mais agudo dos críticos.[327] Logo, qual é afinal a fonte da eloquência ciceroniana? Um coração ricamente instruído em um variado conhecimento de todos os temas, principalmente daqueles sobre os quais decidiste falar; um coração preparado com longa meditação nos preceitos da arte e em seguida na prática do escrever e do falar; e, o que é o principal de todo o processo, um coração que ama aquilo que prega e que está cheio de ódio contra o que vitupera. Convém que o juízo, a

---

325 Quintiliano, *Institutio Oratoria* 6.5.11.
326 *Partitiones oratoriae* 79.
327 Horácio, *Arte poética* 309.

prudência e o bom senso naturais estejam unidos a todas essas coisas, as quais não podem ser contidas nos preceitos. De onde, te pergunto, vêm esses dotes para aqueles que não leem nada além de Cícero, que se empenham em "manejar de noite e de dia"[328] este único modelo?

NOSÓPONO: Mas não é tolo o ditado que diz que aqueles que passam muito tempo ao sol adquirem uma cor e que aqueles que passam longo tempo sentados em uma perfumaria levam consigo o perfume do lugar quando se vão.

BULÉFORO: Muito me agrada esta comparação. Tudo o que levam consigo é uma tintura na pele e uma aura que imediatamente se desvanece. Que aqueles que se contentam com esta glória se demorem nos odores aromáticos e nas roseiras de Cícero e aqueçam-se ao sol dele! Se há bons aromas, eu preferiria desaguá-los no meu estômago, transportá-los por minhas veias, não somente para aspergir meus vizinhos com um leve perfume, mas também para aquecer-me todo e tornar-me mais vigoroso, de forma que, toda vez que o assunto o exija, saia de mim uma voz que possa parecer saída de um ânimo sadio e bem nutrido. Pois um discurso que prenda o ouvinte, que o comova e que o arraste ao estado de espírito que desejar nasce das entranhas mais profundas, e não da epiderme. Não digo isso porque julgue que dos livros de Cícero se recolha um conhecimento medíocre ou vergonhoso das coisas, mas porque ele somente não basta para proporcionar riqueza oratória em qualquer tipo de argumento. Logo, que nos resta, a não ser que aprendamos a própria imitação de Cícero a partir do próprio Cícero? Mas imitemo-lo tal

---

328 Horácio, *Arte poética* 268-269.

como ele imitou os demais. Se ele ficou na leitura de um único modelo, se se ateve aos preceitos de um único autor, se teve mais cuidado com as palavras do que com o conteúdo, se não escreveu senão na calada da noite, se se atormentou um mês inteiro com uma só carta, se considerou eloquente todo escrito que não fosse adequado ao tema, façamos o mesmo para sermos ciceronianos. Mas se tudo isso difere muitíssimo do exemplo de Cícero, enchamos nosso coração com o exemplo dele, com a bagagem do conhecimento de coisas necessárias, e nossa primeira preocupação seja com as ideias, depois com as palavras, e adaptemos as palavras ao conteúdo e não o contrário; e, enquanto falamos, não afastemos jamais os olhos do decoro. Assim, afinal, o discurso será vívido se nascer no coração, e não se flutuar nos lábios. Não ignoremos os preceitos da arte, pois contribuem muito para a invenção, a disposição, o tratamento dos argumentos e para evitar coisas supérfluas ou as que prejudicam a causa; mas, quando for preciso tratar de uma causa séria, o bom senso terá a primazia. Mesmo nas causas fictícias que são tratadas como exercícios, é conveniente que o que se diga seja o mais verossímil possível.[329]

Cícero escreveu que a alma de Lélio respirava em seus escritos.[330] Mas é tolo tentares escrever segundo o estômago alheio e prestares atenção para que a alma de Marco Túlio respire em teus escritos. Tudo o que tiveres devorado em leitura variada, é preciso digeri-lo e transportá-lo por meio do pensamento

---

[329] São as *declamationes*, exercícios escolares de composição e recitação populares na Segunda Sofística (século I ao V d.C.); subdividiam-se em *suasoriae* (relativas ao deliberativo) e *controuersiae* (judicial).

[330] *Brutus* 94. Gaius Laelius Minor, orador do século III a.C. cujos escritos haviam chegado aos tempos de Cícero.

às veias do coração, mais do que à memória ou a um índice, para que o talento, cevado com todo tipo de pastos, gere de si mesmo um discurso que não tenha o cheiro desta ou daquela flor, folhagem ou relva, mas o da índole e dos afetos de teu coração, de forma que quem o lê não reconheça os fragmentos extraídos de Cícero, mas a imagem de uma mente repleta de todo tipo de ensinamento.

Cícero não havia deixado de ler nenhum dos autores anteriores a ele; havia ponderado diligentemente o que cada um tinha de louvável ou de repreensível; ainda assim, não reconhecerás em Cícero nenhum deles isoladamente, mas sim a força de sua mente, alimentada pelos pensamentos de todos eles. Se te comove pouco o exemplo de teu amado, contemplemos os exemplos da natureza. Acaso as abelhas colhem de um só broto a matéria para fazer o mel, ou antes voam com admirável dedicação ao redor de todas as espécies de flores, de ervas e brotos, vindo com frequência desde longe para procurar o que esconderão na colmeia? Nem é exatamente mel aquilo que transportam; com sua boca e suas vísceras formam um líquido e, tendo-o transformado dentro delas, geram de si mesmas um outro, no qual não reconhecerás nem o sabor nem o perfume da flor e dos brotos escolhidos, mas apenas o produto da abelhinha, preparado a partir de todos esses elementos.[331] Nem as cabritas pastam nas mesmas folhagens a fim de produzir seu leite peculiar, mas alimentam-se de todo tipo de folhagens e, assim, produzem não o sumo das ervas, mas sim o leite em que o transformaram.

---

331 Ver Sêneca, *Epistolae morales* 84.6-7 e 3-5 e Quintiliano, *Institutio Oratoria* 10.1.19.

NOSÓPONO: É importante, porém, de onde a abelha colhe o sumo do mel ou de que folhagem as cabritas se saciam. Pois o mel procedente do teixo será tóxico, e não será tampouco idêntico o sabor do leite de uma cabrita alimentada de folhagens de carvalho ou de salgueiro.

BULÉFORO: Concordo. Mas vamos aos artistas. Aqueles que ambicionam a preclara glória na arte estatuária ou na pintura acaso se dedicam somente à emulação da mão de um único mestre? Ou antes, a fim de aperfeiçoarem-se em sua arte, tomam de cada artista o que lhes agrada, imitando-os de tal forma que tentam, se puderem, superá-los? E então? Acaso um arquiteto que se prepara para construir uma bela casa tira todos os modelos de um único edifício? Não o creio. Mas, com critério, elege dentre muitos tudo o que tenha lhe parecido bem feito. No mais, parecerá que não alcançou nenhuma glória egrégia se um observador reconhecer que esse ou aquele edifício foi reproduzido na imitação daquele. E, no entanto, seria mais tolerável ter sido servil ao modelo aqui do que em um discurso. Que razão há, portanto, para que nos tenhamos dedicado com tão grande escrúpulo a Cícero somente?

Pecam duas vezes aqueles que não apenas insistem em uma única prescrição, mas, sem que tenham sido instruídos na arte retórica, não leem outro autor que não seja Cícero e não fazem outra coisa senão lê-lo. Pois de que serve ter os olhos fixos em Cícero se não lhe diriges olhos de artista? De fato, de que serviria a mim, ignorante em pintura, olhar todos os dias os quadros de Apeles ou de Zêuxis? Mas, quando tiveres aprendido os preceitos do bem falar, quando algum artista perito te houver então mostrado o colorido e o estado da causa em alguns dos discursos de Cícero nos quais se expressou com maior arte, então encontrarás facilmente suas proposições[332] e, em seguida, a ordem destas, sua partição, seu tratamento, sua riqueza, seu acabamento, as sementes do discurso inteiro no proêmio; então o conjunto de cada uma das partes e, além disso, a ponderação e o julgamento, coisas que se podem perceber, mas não podem ser prescritas pela arte; da mesma forma, a prudência do orador: o que colocou em cada lugar, o que omitiu e por que, o que guardou para qual lugar, e, além disso, por que razões trata este ou aquele tipo de paixão e, por último, a luz, a copiosidade e o ornamento de sua fala; então, finalmente, verás em Cícero coisas admiráveis, que aquele observador cuidadoso não vê. É que não imita a arte quem não a entende, e não a entende senão o artista. Uma obra confeccionada com arte às vezes envolve com algum prazer mesmo aqueles que não são peritos em arte, mas quão pouco é o que este vê!

NOSÓPONO: E onde buscarás a arte mais corretamente do que em Cícero?

BULÉFORO: Confesso que ninguém a praticou de forma mais fértil, ninguém a empregou mais perfeitamente. Mas Quintiliano a prescreveu de forma mais acurada e também mais copiosa, pois ele não apenas propõe preceitos, mas também põe diante de nossos olhos os elementos, o desenvolvimento, o método, a prática, o exercício, acrescentando não poucos elementos que Marco Túlio ou preteriu ou tocou de passagem. São deste tipo as normas sobre o modo de mover as paixões, sobre os tipos de aforismos e o emprego destes,

---

332 Temas principais a serem desenvolvidos no argumento.

sobre os modos de amplificar, sobre a invenção dos argumentos, sobre a divisão e ordenação dos mesmos, sobre a alteração nos estados das causas e o conflito das mesmas, sobre o modo de ler, imitar, escrever. Mas, assim como não convém ignorar os preceitos, tampouco leva a nada envelhecer nesses estudos, pois uma observação angustiada dos mesmos faz que falemos pior, quando o método da arte foi inventado precisamente para que falemos bem. Um instrutor competente será muito mais proveitoso para nós do que os preceitos. Alguns tentaram isso, tanto entre os gregos como entre os latinos, mas, em minha opinião, com não muito êxito. Devemos, pois, ter cuidado, Nosópono, para não fazermos o que estes fazem e para não confiarmos em que, tendo apenas degustado os preceitos, haveremos de ser ciceronianos somente pela assiduidade em ler Cícero. Pois se estes alcançam algo de Cícero, não alcançam nada além de sua epiderme, sua sombra e certa aura.

NOSÓPONO: Não nego, Buléforo, que há muitos assim e seu método nunca me agradou.

BULÉFORO: Não é por tua causa que faço essas advertências; é para mim e para Hipólogo que se canta esta canção. Agora, homem caríssimo, examinemos isto com julgamentos imparciais: primeiro, se nos convém ou não e, em seguida, se vale a pena ou não comprar com tão grandes vigílias a honra do nome de ciceroniano.

NOSÓPONO: Não há nada mais honesto; e o que é honesto não pode ser indecoroso.

BULÉFORO: Discutamos, pois, sobre o decoro. Tu admites, creio, que o estilo de Marco Túlio não teria agradado ao século de Catão o Censor,³³³ por ser mais elaborado e mais requintado do que convinha aos costumes daquela época. Frugal era a vida; frugal era o discurso. E mesmo na época em que Cícero viveu não faltavam homens que ainda aspiravam àquela antiga severidade, como Catão de Útica, Bruto e Asínio Polião, os quais reclamavam algo de mais severo, menos teatral e mais viril na eloquência de Cícero; e, no entanto, naqueles tempos a eloquência florescia ao máximo, tanto nas assembleias populares quanto no Senado e nos tribunais, a tal ponto que os juízes esperavam e exigiam dos advogados os ornamentos e deleites do discurso. Será que pensas que aquilo que era considerado pouco viril em Cícero possa ser conveniente aos cristãos, cujo sistema inteiro diz respeito mais ao bem viver do que ao falar de modo ornado e arranjado, e de cuja moral deve estar muito afastado tudo aquilo que se aproxima dos artifícios e do deleite teatral? Mas faz de conta que seja conveniente: que frutos esperas, que sejam equivalentes a tão grandes suores? O fim de todo esse estudo é persuadir. Mas, aqui, quanto Focião era mais poderoso que Demóstenes, Aristides que Temístocles,³³⁴ quanto Catão³³⁵ era mais eficaz que Cícero, o qual às vezes agravava a causa dos réus sob sua defesa e aliviava a daqueles sob acusação! Não me atenho àquele dito magnificamente correto: "É melhor ser

---

333 Porcio Cato o Censor (234-149 a.C.), importante personalidade romana do século II a.C., combateu a influência da cultura grega e da retórica.
334 Oponente e rival de Aristides.
335 Cícero estudou os cerca de cento e cinquenta discursos de Catão, dos quais restam apenas alguns fragmentos.

um Fídias³³⁶ que um arquivista ou um cozinheiro",³³⁷ pois os trabalhos destes são mais necessários para a República do que as estátuas de Fídias. A arte dos pintores e dos escultores foi inventada para deleite dos olhos; quando o atinge, sua função acabou. A eloquência que apenas deleita não é eloquência, uma vez que sem dúvida foi inventada para outro fim e, se não o atinge, não deve parecer conveniente para um homem bom. Mas, por mais que a eloquência de Cícero tenha sido útil outrora, que uso tem hoje em dia? Nos tribunais? Ali a causa é conduzida com artigos e fórmulas, por procuradores e advogados que são o que quiseres, menos ciceronianos, e perante juízes diante dos quais Cícero seria um bárbaro. Tampouco teria maior utilidade nas assembleias, onde cada um declara para uns poucos o que lhe parece bem, e isso em francês ou em alemão. Em todo caso, os assuntos mais importantes são tratados hoje em dia mediante um conselho a que chamam secreto; a ele são admitidos apenas três homens, quase iletrados; cabe aos demais fazer-lhes consultas.

Mesmo se hoje em dia as causas fossem conduzidas em latim, quem suportaria Cícero perorando os discursos que pronunciou contra Verres,³³⁸ contra Catilina,³³⁹ contra Clódio,³⁴⁰

---

336 Escultor ateniense.
337 Sobre uma sentença de Cícero, *Brutus*, 257.
338 As *verrinas* (70 a.C.) são discursos em que Cícero comprovou a culpa de Verres. Apenas o primeiro foi de fato pronunciado no tribunal, pois, depois dele, Verres se retirou para o exílio.
339 As *catilinárias* (63 a.C.) são os discursos em que Cícero acusa Catilina, general romano acusado de sublevação, num famoso episódio que gerou também *A conjuração de Catilina*, de Salústio.
340 Ataque a Clódio (52 a.C.), tribuno da plebe, inimigo de Cícero.

contra o testemunho de Vatínio?[341] Que senado haveria tão ocioso, tão paciente, que suportaria os discursos que pronunciou contra Antônio,[342] mesmo quando sua eloquência era neles mais condizente com sua idade, menos redundante, menos exultante? Sendo assim, para que uso, afinal, preparamos esta laboriosa eloquência de Cícero? Para as assembleias? O vulgo não entende a língua de Cícero e não se tratam questões de Estado diante do povo. Mas este gênero de discurso não condiz com as assembleias sacras. Logo, que uso resta, senão talvez nas missões diplomáticas, que, sobretudo em Roma, são realizadas em latim, mas mais por costume do que por desejo, mais por pompa do que por utilidade? Pois nelas quase nenhum assunto sério é tratado: o discurso todo é consumido nos louvores daquele perante o qual és enviado, no testemunho da benevolência daquele pelo qual és enviado e em alguns lugares comuns. Para que dizer mais? Tudo isso é de tal gênero que farás uma grande coisa se evitares a aparência de adulação, uma vez que não se pode evitar a própria adulação. E o que costumeiramente se responde a isso é frio, às vezes não sem o pesado tédio de um discurso prolixo, por vezes também vergonhoso para aquele que é louvado desmedidamente; e muitas vezes não só vergonhoso, mas até perigoso para aquele que fala, quando sua ao recitar o que aprendeu de memória, quando fica imóvel, quando sai às vezes de si mesmo, ou por esquecimento ou por perturbação do espírito. Que têm de admirável tais discursos quando aquele que os recita em geral

---

341 *In publium vatinium testem interrogatio* (56 a.C.), discurso curto, mas pleno de invectivas.
342 As *filípicas* (44-43 a.C.), discursos pronunciados contra Marco Antônio.

somente aprendera de memória o discurso elaborado por algum rétor, de tal forma que a nosso orador não lhe resta outro mérito além do esforço de recitá-lo? E assim, além da obrigatoriedade da saudação, não se trata aqui daquilo que é sério; isso se faz em privado, em cartas e conversações em francês.

Então, que plateia buscará nosso ciceroniano? Escreverá cartas ciceronianas? Para quem? Para os eruditos. Mas são pouquíssimos e não lhes interessa em nada o estilo ciceroniano, contanto que o discurso seja correto, prudente, límpido e douto. Para quem, pois? Para quatro italianos[343] que há pouco começaram a jactar-se de ser ciceronianos quando, como está demonstrado, não há nada mais dessemelhante de Cícero e mal têm uma tênue sombra de Cícero. Se isso, o que quer que seja, durasse pouco, se se apresentasse espontaneamente, se não impedisse coisas mais úteis, talvez então não devesse ser rejeitado. Agora, faze o cálculo: acaso a glória de seres incluída no catálogo dos ciceronianos por quatro jovens italianos ineptos deve ser comprada com tantas vigílias, não sem perigo para a própria saúde?

NOSÓPONO: Não aprovas o empenho para falar bem?

BULÉFORO: Marco Túlio não exige eloquência do filósofo.[344] Ou pensas que há entre os filósofos pagãos algum tão austero que o julgues preferível a qualquer cristão?

HIPÓLOGO: Ao contrário; diante da filosofia de Cristo, toda a filosofia dos gregos é um sonho e uma bagatela.

---

343 Segundo Knott (nota 488, p.572), seriam eles Baldesar Castiglione, Andrea Navagero, Alessandro D'Andrea e Benedetto Tagliacarne.
344 *De finibus* 1.15; *De oratore* 3.142.

BULÉFORO: Com que cara, pois, exigimos do cristão a eloquência ciceroniana, isto é, uma eloquência inimitável e que os pagãos apenas julgaram conveniente para um homem sério? E aquele que fala diferente de como Cícero falou não fala necessariamente mal. E, coisa que deve ser repetida sem cessar, de forma alguma fala bem quem não fala convenientemente. Além disso, é inútil a armadura que, como vale somente para ostentação, não está à mão quando o assunto requer um homem. Às vezes as circunstâncias nos obrigam a escrever vinte cartas no mesmo dia. Que fará então o meu ciceroniano? E como é pequeno o número de correspondentes cativados pelo estilo ciceroniano!

E que dizer do variegado que é Cícero ao falar? Quando ensina filosofia com uma linguagem prosaica e tranquila, é um; nas ações judiciais, outro; e outro nas cartas, nas quais sua linguagem é quase negligente e espontânea, e é isto mesmo o que convém à carta, que é a substituta de uma conversação entre amigos. Acaso não agiria às avessas aquele que escrevesse uma carta de tema doméstico com o mesmo cuidado com que Cícero meditou seu discurso *Em defesa de Milão*? E nós, dedicaremos a uma carta não muito longa sobre coisas não tão importantes o trabalho de um mês? Nem sequer Marco Túlio haveria de comprar a tão alto preço a eloquência que apresenta em suas causas se esta lhe tivesse custado tantas vigílias como uma carta custa para nós, embora naqueles tempos a utilidade da eloquência fosse grande na República, embora seu estudo florescesse no público e no privado, embora essa faculdade oratória fosse mais acessível.

Com razão foi objeto de riso um tipo que, depois de ter se torturado muitos dias, não tinha conseguido achar um exórdio para seu discurso, porque aspirava a falar melhor do que podia.[345] Há em Cícero certa feliz facilidade, dom da natureza, e uma clareza inata. Se a natureza nos negou essas coisas, para que nos torturarmos em vão? E mais longe ainda da sanidade estão aqueles que, em circunstâncias diferentes, em um cenário das coisas humanas totalmente mudado, quando dificilmente se usa o estilo ciceroniano em algum lugar, dilaceram-se no único esforço de parecerem ciceronianos e nada além de ciceronianos!

NOSÓPONO: Bela é tua retórica, mas eu não posso arrancar de mim esta paixão, de tanto que penetrou profundamente em minha alma.

BULÉFORO: Eu não te faço retroceder de um desejo moderado de emulação, contanto que emules o melhor modelo, contanto que emules mais do que sigas, contanto que trates de ser igual mais do que idêntico, contanto que não lutes contra teu talento, contanto que não aspires a acomodar teu discurso a Cícero de tal forma que teu discurso não seja compatível com o assunto de que falas. Acima de tudo, deves afastar a ansiedade, a qual é sempre estéril e nunca é mais estéril do que ao falar. Por último, não te deves deixar afetar a ponto de que, se não alcançares o que persegues, julgues que a vida é amarga e que viver não apraz senão ao ciceroniano, mesmo quando há tantos mil homens eruditos que, sem este título, alcançaram em vida uma glória egrégia e, mortos, renome imortal.

NOSÓPONO: É assim, realmente, que me sinto agora.

---

345 Quintiliano, *Institutio Oratoria* 10.3.12-15.

BULÉFORO: A mesma paixão me dominou um dia, mas me recobrei dessa doença.

NOSÓPONO: Como, afinal?

BULÉFORO: Fui a um médico.

NOSÓPONO: A qual? Por favor!

BULÉFORO: A um facundo e eficaz.

NOSÓPONO: A qual, pergunto?

BULÉFORO: A um a quem Esculápio ou Hipócrates nem se comparam.

NOSÓPONO: Matas-me.

BULÉFORO: Não há ninguém mais preparado, nem mais amigo, nem mais fiel do que este médico. E não cuida do fígado ou do estômago, mas cura o interior do homem.

NOSÓPONO: Se te pesa revelar-me seu nome, indica-me ao menos o remédio.

BULÉFORO: Saberás o nome e o remédio: *ho logos*.[346] E *toh logoh*[347] foi meu medicamento.

HIPÓLOGO: Proclamas a maior verdade: *psuchehs nosousehs estin iatros logos.*[348]

---

346 Em grego no original: na tradução inglesa, Dr. Word.
347 Em grego no original. Literalmente, "Logos tratou-me com o logos"; ou seja: a razão me tratou com a razão, ou a Palavra me tratou com palavras.
348 Em grego no original: "O médico da alma enferma é a razão", ou "a palavra tem poder de curar a doença da alma". Plutarco, *Consolatio ad Apollonium* 102B.

BULÉFORO: Assim me recuperei dessa doença, Nosópono. Se quiseres aqui assumir por algum tempo o papel que eu representei antes, eu farei as vezes de *tou logou*.[349]

NOSÓPONO: Assumo-o, se lhe parece.

BULÉFORO: Quando o veemente paroxismo da doença me dominava, o médico me abordou assim, tal como agora te falo: "Um pudor maligno", disse-me, "te oprime, infeliz, pois não podes suportar uma desaprovação comum a tantos milhares de homens".

NOSÓPONO: Qual?

BULÉFORO: Aquela que te diz que não és ciceroniano.

NOSÓPONO: Isso me dilacera, confesso-o!

BULÉFORO: Mas responde-me, pelo amor das Musas, que ciceroniano me mostrarás, além unicamente de Cícero? Comecemos pelos antigos. No longuíssimo catálogo de oradores que Marco Túlio confeccionou no *Brutus*,[350] há apenas dois que são dignos do título de oradores, ainda que estejam muito longe de poder parecer ciceronianos. Já Caio César não pode ser chamado assim, quer porque viveu na mesma época, quer porque se havia proposto um gênero de oratória muito diferente, contentando-se em falar com elegância e propriedade. Mas que pequena porção de Cícero é esta! Pois que um orador saiba latim não é algo tão admirável quanto é vergonhoso que não o saiba. Ademais, de César não nos resta nada, além de algumas cartas e os *Comentários* de seus próprios feitos, ainda que os eruditos

---

349 Em grego no original: logos.
350 Uma lista de oradores romanos antigos, dedicada a Brutus.

disputem veementemente sobre o autor destes.³⁵¹ Certamente, não nos resta nenhum discurso seu, sendo precisamente aqui que Cícero lhe levou vantagem. Posso dizer o mesmo de Marco Célio,³⁵² de Planco,³⁵³ de Décio Bruto,³⁵⁴ dos quais temos muitas epístolas, conservadas pelo empenho de Tirão; temos não tantas de Cneo Pompeu,³⁵⁵ de Lúcio Cornélio Balbo,³⁵⁶ de Lêntulo,³⁵⁷ de Cássio,³⁵⁸ de Dolabela,³⁵⁹ de Trebônio,³⁶⁰ de Públio Vatínio,³⁶¹ de Sérvio Sulpício,³⁶² de Aulo Cecina de Bitínia,³⁶³ de Marco

---

351 *De Bello Galico* e *De Bello Ciuili*; Aulus Hirtius, um oficial de César, teria acrescentado partes aos *Comentários* de César. O *De Bello Ciuili* teria sido deixado incompleto, e várias de suas partes foram atribuídas a outros. Ver Suetônio, *Iulius* 56.

352 Marcus Caelius Rufus (morto em 48 a.C.), discípulo e amigo de Cícero. Dezessete de suas cartas a Cícero foram preservadas.

353 Lucius Munatius Plancus, governador nas Gálias entre 44 e 43 a.C. Treze cartas suas chegaram até nós.

354 Decimus Iunius Brutus Albinus (81-43 a.C.), participou do atentado contra César. Doze cartas suas se preservaram.

355 Gneus Pompeus Magnus (106-48 a.C.), chefe do partido dos *optimates*; oponente de César na guerra civil.

356 Lucius Cornelius Balbus (morto em 30 a.C.); em 56, foi acusado de apropriação ilegal e defendido por Cícero, no discurso *Pro Balbo*.

357 P. Cornelius Lentulus, apoiou Cícero contra os partidários de Catilina. Foi cônsul em 57 a.C.

358 G. Cassius Longinus (morto em 42 a.C.), um dos assassinos de César.

359 P. Cornelis Dolabela (69-43 a.C.), genro de Cícero.

360 G. Trebonius, cesariano que aderiu a Pompeu. Foi cônsul em 45 a.C..

361 Publius Vatinius, foi duramente atacado por Cícero em 56 a.C. e, em 54, defendido por ele. Cônsul em 47 a.C.

362 Servius Sulpicius Rufus (105-43 a.C.), famoso jurista contemporâneo de Cícero, com quem se correspondeu.

363 Auli Cecinnae Bithynii, possível erro de Erasmo, uma vez que Cícero se correspondeu com Aulus Caecina e com Pompeius Bithynicus. Aulus Caecina foi defendido por Cícero (*Pro Caecina*) na longa

Bruto,[364] de Asínio Polião,[365] de Caio César[366] e se talvez houver alguns outros dos quais consta que viveram na mesma época de Cícero,[367] ainda que não seja mais conveniente chamar ciceroniano a Marco Célio do que celiano a Cícero. No entanto, estas cartas têm pouco em comum, além da elegância clara e não afetada da língua romana. Mas Cícero inteiro, que tu te propões a emular, não se reduz a isso. E para que mencionarei agora Crispo Salústio, que, ainda que tenha sido da mesma época, é muito diferente de Cícero quanto ao estilo?

NOSÓPONO: Não me menciones aqueles antigos rudes e grosseiros, de quando a eloquência, juntamente com os costumes, ainda não havia resplandecido, nem aqueles que viveram na mesma época que Cícero; fala-me dos que seguiram a Cícero.

BULÉFORO: Seja! Sêneca, acaso, te parece ciceroniano?

NOSÓPONO: De forma alguma, sobretudo na prosa. Pois as tragédias que são reconhecidas pelos conhecedores dificilmente parecem ter podido ser escritas por Sêneca.[368]

---

batalha judicial que travou para receber a herança deixada por sua mulher, em 68 a.C.
364 Marcus Iunius Brutus (85-42 a.C.), escritor. Um dos assassinos de César.
365 Protetor de Horácio e Virgílio. Fundou a primeira biblioteca de Roma.
366 Gaius Iulius Caesar, que, além de general e político, escreveu *De bello gallico* e *De bello ciuili*.
367 Correspondentes de Cícero de quem se conhecem poucas cartas. Como membros do Senado, magistrados, advogados etc., teriam tido sem dúvida chance de fazer discursos públicos. Estes, no entanto, não chegaram até nós.
368 Em sua edição de Sêneca de 1529, Erasmo expressou suas dúvidas acerca da autoria das tragédias senequianas.

BULÉFORO: E Valério Máximo?[369]

NOSÓPONO: É tão semelhante a Cícero quanto um mulo a um homem, a tal ponto que dificilmente acreditarias que tenha sido italiano quem escreveu aquelas coisas ou que tenha vivido naquela época, tão diferente é todo o gênero de seu discurso; dirias que se tratava de algum africano,[370] e que nenhuma poesia é mais rebuscada.

BULÉFORO: E Suetônio?[371]

NOSÓPONO: Está um pouco mais longe de Cícero do que Sêneca; nem no vocabulário, nem na estrutura, nem na clareza, nem nas figuras do discurso, nem na polidez é comparável a Marco Túlio.

BULÉFORO: E Tito Lívio, julgas digno desta honra?

NOSÓPONO: Primeiro, é historiador; depois, é desordenado; alguns até disseram[372] que seu discurso tem um sabor paduano, isto é, que fala menos à maneira romana.

BULÉFORO: Já não me atrevo a comparar Cornélio Tácito.[373]

---

369 Escreveu um *Facta et dicta memorabilia*, dedicado a Tibério.
370 Um estilo mais extravagante e rebuscado estava associado a autores africanos, notadamente Apuleio, mas também a cristãos como Tertuliano, com suas hipérboles. Essa característica deu origem, no século XVI, ao *africus tumor*, um estilo exuberante que supostamente refletia o caráter da África do Norte.
371 Gaius Suetonius Tranquillus (por volta de 69-140 d.C.).
372 Quem o disse foi Asínio Polião, segundo Quintiliano, *Institutio Oratoria* 8.1.3.
373 Cornelius Tacitus, por volta de 55-120 d.C. Escreveu o *Dialogus de oratoribus*, influência de Erasmo, e obras históricas.

NOSÓPONO: Não há necessidade.

BULÉFORO: Talvez admitas Quintiliano[374] nesta lista.

NOSÓPONO: Este aspirou também a ser diferente de Cícero; quem dera se conservassem suas *Declamações*! Pois as obras que temos[375] não têm nada de Cícero...

BULÉFORO: Mas tenho um que não poderás desprezar: Quinto Cúrcio.[376]

NOSÓPONO: É historiador.

BULÉFORO: É, mas restam alguns discursos em suas histórias.

NOSÓPONO: É mais claro que os demais, mas nem se compara, como se diz, ao porco de Parmenão.[377] Tem muitas fórmulas diferentes das de Cícero.

BULÉFORO: Se rejeitas a este autor, tampouco admitirás, creio, Élio Espartiano, Júlio Capitolino, Élio Laprídio, Vulcácio Galicano, Trebélio Polião, Flávio Vopisco,[378] Aurélio Victor.[379]

---

374 Marcus Fabius Quintilianus (por volta de 35-100 d.C.), professor de retórica e autor da *Institutio oratoria*, tantas vezes mencionada neste tratado.

375 As assim chamadas *Declamationes minores et maiores*; como nenhum discurso de Quintiliano chegou a nós, é impossível julgar seu estilo oratório.

376 Quintus Curtius Rufus, escreveu um relato sobre Alexandre em estilo retórico, o qual Erasmo editou em 1518.

377 Plutarco, *Moralia* 674B-C, *Adagia* I.I.10. Conta-se que Parmenão, ator cômico contemporâneo de Demóstenes, imitava um porco tão bem que as pessoas preferiam sua imitação ao animal verdadeiro.

378 Nomes de seis historiadores, reunidos na coleção *Historiae Augustae scriptores*.

379 Escritor já do século IV depois de Cristo, que escreveu *Caesares*, de Augusto a Constantino.

NOSÓPONO: Dificilmente aprovarás nestes algo além da credibilidade da História; falta muito para que eu os considere dignos do título de ciceronianos. Pois a duras penas mantêm a pureza da língua latina.

BULÉFORO: Aí tens Probo Emílio.[380]

NOSÓPONO: É tão cândido que elogia todos aqueles cujas vidas descreve, de forma que lhe chamarias encomiástico mais do que historiógrafo.

BULÉFORO: Admitirás talvez Amiano Marcelino.[381]

NOSÓPONO: Seu estilo é difícil e sua composição frequentemente parece escrita em verso, como quando diz *ut captiuuos redderet nostros*, "que devolvesse nossos prisioneiros".[382] Aprovaria antes a Veleio Patérculo,[383] ainda que não o considerarei tampouco digno desta honra.

BULÉFORO: Suponho que aprovarás ainda menos os autores de epítomes:[384] Floro,[385] Eutrópio,[386] e Solino.[387]

---

380 Aemilius Probus, por muito tempo considerado o autor das *Vidas* de Cornélio Nepos. A autoria de Nepos lhe foi restituída por Lambinus em 1569.
381 Amminus Marcellinus, historiador do século IV a.C.
382 Amian. Marc. 17.10.4.
383 Velleius Paterculus, escreveu uma *História* romana, descoberta e publicada por Beatus Rhenanus em 1520.
384 Epítomes eram versões condensadas de livros mais longos, algo como resumos.
385 Lucius Aeneus Florus, autor do século II, que escreveu livros baseados em Tito Lívio.
386 Eutropius, do século IV, baseou-se também em Tito Lívio.
387 Gaius Iulius Solinus, que, por volta de 200 d.C., escreveu sumários baseados em Plínio, o Velho.

NOSÓPONO: Aprová-los-ia, se algum erudito os aprovasse, com o nome de ciceroniano; pois somente referem aqueles que imitam.

BULÉFORO: Mas devo voltar atrás neste percurso, pois passamos por alto os dois Plínios.[388] Sei que não permitirás que o Velho seja nomeado aqui, mas talvez admitas o Jovem.

NOSÓPONO: Não, e mais: aqueles que são os juízes desta causa proíbem que sobretudo os jovens toquem nas cartas deste, para que não acabem plinianos, em vez de ciceronianos.

BULÉFORO: No entanto, escreveu de forma muito feliz o discurso em que louva Trajano.

NOSÓPONO: Felicíssima, mas não reproduz Cícero.

BULÉFORO: Omito os poetas de propósito, adivinhando facilmente o que haverias de responder, inclusive se te propuser os mais famosos e melhores de todos: Virgílio, Horácio, Ovídio, Lucano e Marcial.[389]

NOSÓPONO: Em Horácio não há nenhum vestígio de Cícero; em Virgílio, há algum, ainda que obscuro; Ovídio poderia, entre os poetas, parecer-se com Cícero; de Lucano se disse que era mais semelhante a um orador do que um poeta,[390] mas

---

388 Plínio, o Velho (23-79 d.C.), autor de *Naturalis historia*, morreu ao tentar se aproximar do Vesúvio em erupção com fins científicos; tio de Plínio, o Jovem (61-113 d.C.), autor de epístolas, entre várias obras de tema variado.

389 Os três gêneros (alto, médio e baixo) podiam ser encontrados tanto em poesia como em prosa.

390 A épica de Lucano está repleta de discursos, descrições etc., sendo altamente retórica. Ver Quintiliano, *Institutio Oratoria* 10.1.90.

está muito longe da imagem de Cícero; Marcial se aproxima muito da facilidade de Nasão e algo do talento ciceroniano se lhe poderia atribuir, se não tivesse prefaciado seus livros com umas cartas – Deus imortal! – nada ciceronianas.

BULÉFORO: E se eu citar Lucrécio?[391]

NOSÓPONO: Cita-me obras análogas, como Ênio e Lucílio.

BULÉFORO: Os eruditos admiram o estilo reluzente de Aulo Gélio.[392]

NOSÓPONO: Nem seu argumento nem seu estilo afetado convêm; a copiosidade de seu vocabulário é quase excessiva, mas escassa sua bagagem de ideias.

BULÉFORO: Eis então Macróbio.[393]

NOSÓPONO: Nomeias-me a gralha de Esopo:[394] compôs seus centões a partir de retalhos de outros e, assim, nunca fala com sua própria língua e, se alguma vez o faz, crerias que um gregozinho está balbuciando em latim. Deste gênero é este passo do segundo comentário ao *Sonho de Cipião*:[395] *Et hoc esse uolunt quod Homerus, diuinarum omnium inuentionum fons et origo, sub poetici nube figmenti, uerum sapientibus intelligi dedit*, "e querem que isto seja o que Homero, fonte e origem de todas as invenções divinas, deu a entender aos sábios como verdadeiro, sob a nuvem da ficção poética".

---

391 Titus Lucretius Carus, o autor epicurista de *De rerum natura*.
392 Aulus Gellius, autor de *Noctes atticae*.
393 Ambrosius Theodosius Macrobius, autor de *Saturnalia*.
394 A fábula da gralha vestida em penas de pavão emprestadas. A versão de Erasmo vem de Horácio, *Epístolas* 1.3.19.
395 Texto neoplatônico de Cícero.

BULÉFORO: No entanto, alguns admiram o arguto Símaco[396] em seu epistolário.

NOSÓPONO: Admirá-lo-ão aqueles que se aplicam em falar de forma empolada mais do que em falar bem.

BULÉFORO: Mas ai! Esquecemo-nos de Apuleio![397]

NOSÓPONO: Cotejá-lo-ei com Cícero quando me aprouver comparar uma gralha com um rouxinol.

BULÉFORO: Isso é válido para o Asno de Ouro ou a Flórida, mas na Apologia[398] se aproxima de Cícero.

NOSÓPONO: É verdade que aí se afasta menos, mas ainda o segue com uma distância imensa. No mais, se te apraz citar tais autores, esqueceste-te de Marciano Capella.[399]

BULÉFORO: Que dirias se chegássemos aos semicristãos? Que te parece Boécio?[400]

NOSÓPONO: Como filósofo, egrégio; como poeta, não o pior de todos; mas muito afastado do estilo de Cícero.

---

396 Quintus Aurelius Symmachus, escreveu dez livros de cartas.
397 Autor africano do século II, que escreveu em estilo rebuscado, com arcaísmos, neologismos, coloquialismos etc. Sua principal obra é *O asno de ouro*, relato picaresco das aventuras de um homem transformado em asno por uma feitiçaria.
398 Discurso que compôs em sua própria defesa quando acusado de angariar o amor de sua esposa e sua fortuna por meio de feitiçaria.
399 Martianus Capella, autor africano do século V, que escreveu a alegoria *De nuptiis mercurii et philologiae*, num estilo similar ao de Apuleio.
400 Anicius Manlius Severinus Boethius, autor de *Consolatio philosophiae*.

BULÉFORO: E Ausônio?[401]

NOSÓPONO: Respeito seu talento e cultura, mas seu estilo, assim como sua vida, tem o sabor das delícias e da licenciosidade da corte; não é ciceroniano, a tal ponto que parece ter tido todo empenho em falar diferente de como Cícero falou. Por isso, quem quiser atribuir-lhe o nome de ciceroniano imporá ao homem um ultraje em lugar de uma honra, não de outra forma que se alguém chamasse de alemão aquele que se empenhasse em ser considerado francês, ainda que realmente fosse alemão.

BULÉFORO: Para que não dês voltas em longos círculos, passemos, se estás de acordo, aos cristãos, para ver se encontraremos algum que mereça talvez ser chamado ciceroniano. Entre estes, creio, aprovarás Lactâncio,[402] de quem se disse que emana a torrente láctea da eloquência ciceroniana.[403]

NOSÓPONO: Assim se disse, mas por alguém que não era ciceroniano.[404]

BULÉFORO: Mas não podes negar que Lactâncio aspirava à eloquência de Cícero. Ele o declara no prefácio do terceiro

---

401 Decimus Magnus Ausonius, tutor do imperador Graciano e professor de retórica.
402 Caecilius Firmianus Lactantius, professor de retórica do século IV, chamado "o Cícero cristão" por Gianfrancesco della Mirandola.
403 Por Jerônimo *Cartas* 58.10: "quase quidam fluvius eloquentiae Tullianae". Erasmo acrescenta o termo *lacteus*, aplicado a Lívio por Quintiliano e repetido por Jerônimo em relação a Lívio em *Epístolas* 53.1: "lacteo eloquentiae fonte".
404 Ou seja, por Jerônimo, que, em episódio famoso, relata ter ouvido em sonho a acusação: "non Christianus es, sed Ciceronianus".

livro das *Instituições*,⁴⁰⁵ no qual, para defender a verdade da filosofia cristã, deseja uma eloquência, se não tuliana, ao menos próxima da tuliana.

NOSÓPONO: Aspirou a isso, e não de todo sem êxito, mas não o conseguiu.

BULÉFORO: Por que não?

NOSÓPONO: Porque no primeiro prefácio,⁴⁰⁶ imediatamente ao começar a obra, falou assim: *alioqui nihil inter Deum hominemque distaret, si consilia et dispositiones illius maiestatis aeternae cogitatio assequeretur humana*, "no mais, não haveria nenhuma distância entre Deus e o homem se o pensamento humano pudesse compreender os conselhos e disposições daquela majestade eterna". Onde Cícero disse *dispositiones* em lugar de *decreta*?

BULÉFORO: Então, enquanto se esforçava para ser ciceroniano, tornou-se diferente de Cícero. Pois é próprio de Cícero inculcar uma mesma ideia por meio de duas palavras que significam o mesmo ou quase o mesmo. Daí aquilo de *consilia et dispositiones*. Como sabes que não havia procurado o hiato vocal em *consilia et* e em *cogitatio assequeretur*, para ser ciceroniano? Talvez também tenha buscado a afetação na composição, terminando o membro do período com uma cláusula de scazonte,⁴⁰⁷ como em *balneatore* e em *archipirata*.⁴⁰⁸ Ele usa frequentemente este mesmo tipo de cláusulas neste

---

405 *Divinae institutiones.*
406 Ibid., 1.1.5.
407 Unidade métrica que consiste de uma sílaba breve seguida de três longas. Cícero foi criticado por usar essa construção. Ver Quintiliano, *Institutio Oratoria* 9.4.63-64.
408 Os exemplos que Quintiliano, *Institutio Oratoria* usa para criticar Cícero.

mesmo prefácio: por exemplo, ao começar, no primeiro período, emprega *inhaerere*; em seguida, *instruere possimus*; e, em seguida, *apud Graecos*; e, de novo, *luce orationis ornata*; e *authis au*,[409] *honesta suscepta*; em seguida também *honorasti*; e, não muito depois, *nominis tradas*; de novo, *ut sequerentur hortarer*; da mesma forma, um pouco depois, *reliquerunt*. Isto certamente tem algo de tuliano, pois imediatamente depois acaba com um ditroqueu,[410] como em *contulerunt; conuocamus; sopiamus, inchoamus*; uma só vez põe no final da frase *quaesisse uideatur*. Estes exemplos indicam que Lactâncio buscou com grande empenho a imitação de Cícero. Mas com mais justiça excluirias Lactâncio do rol dos tulianos, porque não aplicou à defesa da filosofia cristã nem a erudição, nem o vigor, nem o sentimento que Marco Túlio aplicou à execução das causas civis. Dos demais autores, quem citarei primeiro ou último? Cipriano?[411]

NOSÓPONO: Escreve à maneira cristã, mais do que à ciceroniana.

BULÉFORO: Hilário?[412]

NOSÓPONO: Oh! Não há nada de semelhante. É difícil e obscuro ao falar e, como diz aquele,[413] levanta-se com coturno gaulês,[414] arrastando consigo também muitas palavras que não são próprias da pureza tuliana.

---

409 Em grego no original: de novo e de novo.
410 Um troqueu duplo, ou seja: longa, breve, longa, breve.
411 Professor de retórica que se tornou bispo de Cartago e foi martirizado em 258 d.C.
412 Bispo de Poitiers. Viveu no século IV.
413 Jerônimo.
414 Jerônimo, *Cartas* 58.10.

BULÉFORO: Sulpício,⁴¹⁵ creio, te parecerá digno desta honra.

NOSÓPONO: É, sem dúvida, mais suave, e mais doce, e mais claro e menos trabalhado que Hilário, mas seu estilo revela que era gaulês.⁴¹⁶ Não lhe falta piedade, mas estão ausentes o vigor e a gravidade, e seu modo de falar é florido, mais do que enérgico.

BULÉFORO: Admitirás, então, Tertuliano.⁴¹⁷

NOSÓPONO: Estás zombando! Ele, de forma deliberada e intencional, obscureceu pensamentos bons com palavras más e é mais duro até do que Apuleio.

BULÉFORO: Certamente não repelirás o famoso Jerônimo, facundíssimo e doutíssimo a um só tempo.

NOSÓPONO: Reconheço que é um homem eminente por sua cultura e facúndia, mas não reconheço que seja tuliano, pois foi afastado da imitação de Cícero pelos açoites...⁴¹⁸

BULÉFORO: Agostinho,⁴¹⁹ então?

---

415 Sulpicius Severus, advogado que abraçou a vida ascética.
416 Erasmo considerava que a retórica grandiloquente era característica francesa. Ver Knott, nota 563, p.577.
417 Advogado e rétor do século II que se converteu ao cristianismo; combateu heresias e acabou aderindo a uma delas no final da vida.
418 No famoso episódio que relata em sua *Carta 22 ad Eustochium*, Jerônimo conta que sonhou que estava sendo açoitado sob a seguinte acusação: "não és cristão, és ciceroniano!".
419 Bispo de Hipona, famoso pelo emprego da retórica. Erasmo, que publicou uma edição de suas obras em 1529, queixa-se da expressão obscura de Agostinho.

NOSÓPONO: Ele tem algo de Cícero, que é fazer o período andar em círculos, com rodeios muito amplos, para depois trazê-lo desse desvio de volta ao caminho. Mas, diferentemente de Cícero, divide o longo percurso do discurso em membros e incisos, o que não resulta nem em facilidade ao falar nem em êxito ao tratar o tema.

BULÉFORO: E Paulino?[420]

NOSÓPONO: Mal tem uma sombra de Cícero, e não é de todo feliz nem em seus pensamentos nem em suas palavras.

BULÉFORO: Ambrósio,[421] então?

NOSÓPONO: Reconhecerás nele um orador romano, mas não um ciceroniano. Alegra com alusões argutas e com aclamações, mas não diz nada além de aforismos: rítmico e modulado nos membros do período, nos incisos e na distribuição, tem certo estilo de discurso próprio inimitável para os demais, mas muito diferente do estilo tuliano.

BULÉFORO: Reconhece pelo menos o romano Gregório,[422] o primeiro entre os pontífices deste nome.

NOSÓPONO: Reconheço-o como homem pio e que diz o que pensa. E chega muito mais perto de Marco Túlio do que Ambrósio, mas "flui vagaroso"[423] e seu discurso é quase servil

---

420 Paulino de Nola, famoso poeta do século IV que abraçou o ascetismo. Escreveu ainda cartas em estilo obscuro, permeadas de citações bíblicas.
421 Ambrósio, bispo de Milão.
422 Gregório, o Grande, Papa de 590 a 604. Um dos pais da Igreja romana, juntamente com Jerônimo, Agostinho e Ambrósio.
423 O mesmo que Horácio disse de Lucílio, *Sátira* 1.4.

à estrutura de Isócrates,[424] coisa que o afasta de Cícero. Já de menino o demonstrara na escola.

BULÉFORO: Mas do toscano Leão,[425] que foi o primeiro pontífice romano deste nome, todos admiram a eloquência.

NOSÓPONO: Ele tem um estilo, admito-o, bem rítmico e suficientemente claro, e pensamentos não ineptos, mas não tem nada a ver com Cícero.

BULÉFORO: E se eu te citar Bernardo de Borgonha?[426]

NOSÓPONO: Reconheço que é um homem de bem, o que é uma característica própria do orador, e predisposto por natureza ao refinamento e ao encanto do discurso, mas não é ciceroniano, a ponto de que por seus escritos se fareja que dificilmente jamais leu Cícero.

BULÉFORO: Depois de teres rejeitado este, não ousaria propor-te Beda,[427] Remigio,[428] Cláudio,[429] Hesíquio,[430] Anselmo,[431] Isidoro.[432]

---

424 Isócrates, orador ateniense. Ver Cícero, *Orator* 151, 174-6 e Quintiliano, *Institutio Oratoria* 9.3.74, 10.1.79.
425 Leão, o Grande, Papa de 440 a 461, um dos doutores da Igreja romana.
426 Bernardo de Claraval, santo da Igreja romana; chamado o "Doutor Melífluo".
427 Beda, o Venerável, comentador da Bíblia e autor de *Historia ecclesiastica gentis Anglorum*.
428 Remigius de Auxerre, autor de obras filosóficas e teológicas.
429 Bispo de Turim, século IX.
430 Hesychius, bispo de Jerusalém no século V.
431 Arcebispo de Canterbury, século XII.
432 Bispo de Sevilha entre 602 e 636. Escreveu a enciclopédica *Etimologias*.

NOSÓPONO: Deixa de mencionar-me estes *kolobohtas*:[433] quando falam uma língua estrangeira, deterioram as palavras que pronunciam e, quando se expressam na sua própria, falam mal. Neles a eloquência estava muito debilitada.

BULÉFORO: Mas temo que digas que estava morta se eu mencionar os autores posteriores. Omitirei, portanto, Alexandre de Hales,[434] Pedro de Ghent[435] e inúmeros escritores do mesmo saco. Citar-te-ei a dois *koruphaios*,[436] Bonaventura[437] e Tomás.[438]

NOSÓPONO: Bonaventura é bastante fluente com as palavras, mas com quaisquer que sejam; Tomás é totalmente aristotélico, *apathes*[439] em seu estilo, escrevendo somente para ensinar o leitor.

BULÉFORO: Isso é verdade nas *Questões*;[440] no restante, quando faz de rétor ou de poeta,[441] inspira-se bastante em Cícero.

---

433 Em grego no original: algo como "mutiladores" ou "açougueiros". Neologismo erasmiano em grego.
434 Teólogo e professor do início do século XIII.
435 Possível erro de Erasmo. Deve ser Henrique de Ghent, filósofo escolástico que escreveu *Quodlibeta* e *Disputationes*.
436 Em grego no original: corifeus, ou seja, líderes do coro.
437 Franciscano (1221-1274) conhecido como "doutor seráfico".
438 Tomás de Aquino (1225-1274), dominicano que foi o principal nome da Escolástica e autor da *Summa theologica*. Conhecido como "doutor angélico".
439 Em grego no original: impassível, desapaixonado.
440 *Quaestiones*, em que volta a tópicos debatidos na *Summa*.
441 Escreveu hinos para a festa do Corpus Christi, usados ainda hoje em dia.

NOSÓPONO: De que poemas falas? A mim, em verdade, em lugar nenhum me parece mais incapaz de falar do que quando afeta o fluxo da dicção oratória, o que faz ao tratar do tema da eucaristia. Mas, vá lá! Deixa de lado estes teólogos escolásticos, dos quais exigirás em vão alguma eloquência, e menos ainda ciceroniana. Traze-me outros, se os tens.

BULÉFORO: Arre! Passaremos a outro tipo de escritores, mais próximos de nossa época. Pois parece que a eloquência esteve totalmente sepultada durante alguns séculos e que não começou a reviver senão recentemente entre os italianos e, muito mais tarde ainda, entre nós. Assim, parece que, entre os italianos, o príncipe desta eloquência do Renascimento foi Francesco Petrarca,[442] que foi célebre e grande em sua época, mas que agora dificilmente se tem à mão: um talento ardente, um grande conhecimento das coisas, e não medíocre vigor elocutório.

NOSÓPONO: Admito-o. No entanto, há ali passos em que lhe sentirás falta de perícia na língua latina, e todo seu estilo tem o sabor da aspereza do século anterior. Quem dirá que é ciceroniano aquele que nem sequer aspirou a sê-lo realmente?

BULÉFORO: De que servirá, então, citar Biondo[443] e Boccaccio,[444] inferiores a ele tanto no vigor oratório quanto

---

442 Conhecido como o "pai do humanismo", redescobriu e divulgou grande parte da obra de Cícero. Ele próprio escreveu *Epistolae de rebus familiaribus*, em que emulava Cícero. Viveu de 1304 a 1374.
443 Flavio Biondo de Forli (1392-1463), humanista que teve grande importância na divulgação do material de Roma antiga.
444 Giovanni Boccaccio di Firenze (1313-1375), escreveu em italiano o famoso *Decameron*. Depois, influenciado por Petrarca, passou aos

na propriedade da língua romana? E nem sequer ouvirás o nome de Giovanni Tortelli.[445]

NOSÓPONO: Não o ouvirei, realmente, entre estes nossos candidatos.

BULÉFORO: Seguiu-o grande safra de eruditos incansavelmente dispostos à imitação de Cícero. Deste número, quem julgarás digno da honra desse título? Francisco Filelfo,[446] talvez?

NOSÓPONO: Facilmente o julgaria digno se agradasse a todos os conhecedores tanto quanto agradou a si mesmo. E, sem dúvida, aparentou zelosamente uma cópia Cícero, mas com pouco êxito. E nunca se mostra tão diferente dele como quando deveria parecer-se mais, a saber, nos discursos. Pois nas epístolas copia Marco Túlio bastante bem. E não o digo para afronta de ninguém. Reconheço que estes são homens dignos da eterna memória da posteridade e altamente merecedores dela por seus estudos, mas ser ciceroniano é algo divino.

BULÉFORO: Leonardo Aretino[447] me parece um segundo Cícero.

NOSÓPONO: Aproxima-se bastante de Cícero por sua facilidade e sua clareza de estilo, mas é destituído de energia e de outras quantas virtudes. Por um lado, mal observa a pureza

---

estudos latinos. Escreveu uma *Genealogia deorum* em quinze volumes.
445 1400-1460. Escreveu *De orthographia*.
446 1398-1481. Ensinou retórica e escreveu discursos, tratados polêmicos, poemas e cartas.
447 Leonardo Bruni d'Arezzo (1370-1444), humanista que traduziu vários livros do grego para o latim. Escreveu uma *Vida de Cícero*.

da língua romana; por outro, é um homem tão douto quanto probo.

BULÉFORO: Já sei que não admitirás Guarino,[448] nem Lapo,[449] nem Acciaiuoli,[450] nem Antonio Beccaria,[451] nem Francesco Barbacio,[452] nem Antonio Tudertino,[453] nem Leonardo Giustiniani,[454] nem Achille Bocchi,[455] nem se houver mais alguém que agora não me ocorre, sobretudo porque a maioria deles não é conhecida por nós por outra obra que não seja por traduções do grego, onde é nula a aptidão para a invenção, a qual é a parte principal da eloquência.[456]

NOSÓPONO: Não desprezo nenhum destes, mas a nenhum considerarei digno do honroso título de tuliano.

---

448 Guarino Guarini de Verona (1374-1460), o mais famoso professor de latim de sua época. Escreveu manuais de gramática e teria sido mesmo um dos primeiros "ciceronianos". Traduziu do grego para o latim.
449 Lapo da Castiglionchio, o Jovem (1405-1438), dedicou-se a traduzir do grego para o latim.
450 Donato Acciaiuoli de Fireze (1429-1478), traduziu Aristóteles para o latim e escreveu comentários sobre o filósofo grego.
451 1400-1474. Humanista e eclesiástico.
452 Provavelmente Francesco Barbato de Sulmona (1300-1363), jurista e poeta. Ou um equívoco de Erasmo com Francesco Barbaro de Veneza (1390-1454), tradutor e autor de um tratado *De re uxoria*.
453 Antonio Pasini de Todi, traduziu Plutarco.
454 1388-1446. Escreveu várias obras em latim.
455 1488-1562. Escreveu uma famosa *Apologia in Plautum, cui accedit uita Ciceronis auctore Plutarcho nuper inventa* (1508).
456 *Inuentio*. Ver Quintiliano, *Institutio Oratoria* 10.2.1: "inuenire primum fuit estque praecipuum".

BULÉFORO: Citar-te-ei, pois, o florentino Poggio,[457] homem de certa eloquência vívida.

NOSÓPONO: Tinha suficiente talento natural, mas não muita técnica ou erudição: seu linguajar fluía por vezes de forma impura,[458] se acreditarmos em Lorenzo Valla.[459]

BULÉFORO: Coloquemos, pois, Valla em seu lugar.

NOSÓPONO: Este se aproxima mais do cuidado e da sutileza de Quintiliano que da facilidade espontânea de Cícero, ainda que seja mais limado e mais puro que os demais.

BULÉFORO: Omito deliberadamente muitos dos nomes daqueles que, já o sei, teus ouvidos não suportarão. Cito apenas os exímios. Se admitisses alguém à honra deste título, certamente admitirias o grande Ermolao Bárbaro.[460]

NOSÓPONO: Citaste-me um homem verdadeiramente grande e divino, mas muito diferente de Cícero na elocução e quase mais elaborado do que os próprios Fábio e Plínio, pois o estudo da filosofia prejudicou um pouco sua eloquência.

BULÉFORO: E Giovanni Pico, conde della Mirandola?[461]

---

457 Poggio Bracciolini (1380-1459), que entrou em disputa com Valla numa das controvérsias ciceronianas.
458 Em um *Libellum in dialogo conscripti*, Valla afirma que o cozinheiro alemão de Guarino diz que Poggio usa "latim de cozinha", pior do que o dele próprio.
459 Lorenzo Valla (1406-1457), autor de *Elegantiae linguae latinae*.
460 1453-1493. Escreveu uma famosa *Castigationes Plinianae*, sobre a *Historia naturalis* de Plínio, o Velho.
461 1463-1494. Filósofo e literato que se associou ao círculo de Ficino e, assim, associou o platonismo e as filosofias herméticas à escolástica aristotélica.

NOSÓPONO: Falas-me de uma índole perfeitamente divina, de um talento talhado para todas as disciplinas, mas seu interesse por línguas, pela filosofia e até pela teologia viciou seu estilo também.

BULÉFORO: Conheceste seu parente, Francesco della Mirandola?[462]

NOSÓPONO: *Oud eggus*,[463] como se costuma dizer: é filósofo e teólogo demais; por outro lado, um grande homem. De resto, como concordar em incluir entre os ciceronianos alguém que, ao debater com Pietro Bembo,[464] condena os que se dedicam a imitar Cícero?

BULÉFORO: Seguramente lhe atribuíste o elogio supremo, se é que alguém pode ser teólogo demais...

NOSÓPONO: Pode sê-lo, no que diz respeito à condição para este prêmio.

BULÉFORO: Está bem; encontrei um que, se não me engano, não rejeitarás: Angelo Poliziano.[465] Pois nem me atrevo a citar Marsilio Ficino.[466]

NOSÓPONO: Admito que Angelo tinha uma inteligência totalmente angélica, raro milagre da natureza, para qualquer

---

462 1469-1533. Sobrinho de Giovanni, criticou a filosofia grega nos livros *De studio divinae philosophiae* e *Examen doctrinae vanitatis gentilium*.
463 Em grego no original: "de jeito nenhum", "nem chega aos pés".
464 Uma das batalhas do ciceronianismo.
465 Angelo Ambrogini de Montepulciano (1454-1494), grande humanista e tutor dos filhos de Lorenzo Médici. Sua carta a Paolo Cortesi inaugurou as grandes batalhas do ciceronianismo.
466 1433-1499. Fundou a Academia Platônica de Florença.

que fosse o gênero de escrita a que aplicasse sua mente, mas nada tinha a ver com o estilo de Cícero; há que se louvar suas outras virtudes.

BULÉFORO: Se eu convocar para esta tropa Codro Urceu, Giorgio de Trebisonda, Teodoro Gaza, Jano Lascaris, Giorgio Merula, Marco Musuro e Marullo,[467] quase adivinho o que me responderás. Eliminarás deste certame toda esta linhagem de gregos dos quais teu amado Cícero é malquisto. Mas não gostaria que a ira, o ódio ou o amor tivessem voto nestas nossas eleições.

NOSÓPONO: E não o terão. Como Jano[468] ainda está vivo, deve-se falar dele com maior parcimônia: com a afabilidade de seus modos, revela a nobreza de sua origem;[469] é um homem de julgamento agudo, de muita argúcia em seus *Epigramas*. Poderia ser incluído entre os candidatos ao título de ciceroniano se as repetidas missões diplomáticas e os negócios dos reis não tivessem afastado o homem das Musas. A Codro[470] não lhe faltavam nem o domínio da língua latina nem a elegância, mas, homem que não divergia de Epicuro,[471]

---

467 Grupo de estudiosos de origem grega que, ao mudarem-se para a Itália, contribuíram para o Renascimento italiano.

468 Janus ou Johannes Lascaris de Rhyndacus (1445-1535), diplomata e professor de grego em Florença. Foi responsável pela *editio princeps* de quatro peças de Eurípides, Calímaco, Apolônio de Rodes, Luciano e da *Antologia grega*. Atribui-se a ele um epigrama atacando Erasmo que circulou em Paris logo após a primeira edição do *Ciceroniano*.

469 Tinha laços de parentesco com a família imperial bizantina.

470 Antonio Codro Urceo de Ravenna (1446-1500), catedrático de gramática e retórica em Bolonha, que publicou vários livros em latim.

471 Filósofo que propunha o prazer como objetivo da existência. Geralmente mal interpretado, Epicuro teve reabilitadores no século XV,

negligenciou esta glória que, como não é vulgar, não pode ser obtida com pouco. Reconheço que Georgio de Trebisonda[472] é um homem excepcionalmente douto, com belos méritos em seus estudos literários; e que Teodoro Gaza[473] era ainda mais completo do que ele. Dentre os dois, o primeiro parece ter-se dedicado zelosamente em reproduzir o estilo de Cícero; o segundo preferiu copiar Aristóteles, e não há ninguém que tenha traduzido com mais êxito do que ele, tanto do grego para o latim como do latim para o grego. Mas, quando escreve obras suas, há duas coisas que causam incômodo a um leitor delicado: a paixão pela filosofia, a que se dedica inteiro, e esse *gnehsion*[474] da língua grega que costuma acompanhar os gregos quando falam latim e que eles quase nunca desaprendem.

BULÉFORO: Que impede um grego de dominar a língua romana se isso é possível para os bretões e os frisões? Sobretudo porque a língua grega tem muitíssima afinidade com a latina, tanto nas palavras como nos tropos.

NOSÓPONO: Deixo que outros avaliem o que é possível a bretões e frisões: a mim me parece que a afinidade da língua é

---

como Filelfo, Bruni e Valla. Erasmo utiliza o termo "epicúreo" geralmente de modo positivo (ver *Coloquio Epicureus*).
472 1395-1472. Nascido em Creta, ensinou grego em Veneza, Vicenza e Florença. Participou da tradução da *Retórica* de Aristóteles para o latim. Escreveu uma gramática do latim e uma *Retórica*.
473 Theodorus Gaza de Salônika (1398-1475), professor de grego em Ferrara. Traduziu várias obras do grego para o latim e, do latim para o grego, traduziu *De amicitia*, *De senectute* e *Somnium Scipionis* de Cícero.
474 Em grego no original. Em inglês, traduzido como "essential Greekness". Knott, p.417.

um obstáculo para a pureza. Pois um irlandês falará um latim puro mais rapidamente do que um gaulês ou um hispano; da mesma forma, um gaulês aprenderá a falar alemão puro mais rápido do que italiano ou espanhol. Mas continuarei: sei que Giorgio Merula[475] era alexandrino, mas não sei se era grego. Homem brilhante e elegante nas traduções do grego, tanto que pode ser comparado a muitos antigos. De Marullo[476] li poucos textos; toleráveis, se tivessem menos paganismo. Conheci Marco Musuro[477] mais de perto; homem singularmente erudito em todo tipo de disciplinas, mas em poesia algo obscuro e afetado e, em prosa, além de um ou outro prefácio, não deixou nada, que eu saiba. Era admirável que um grego soubesse tanto latim. Mas a Fortuna o afastou das Musas também: quando tinha acabado de ser nomeado arcebispo, chamado a Roma pelo favor de Leão, foi-nos arrebatado por uma fatalidade.[478]

BULÉFORO: Admitirás, então, Pompônio Leto?[479]

NOSÓPONO: Este se contentou com a elegância da língua latina e não aspirou a nada mais.

---

475 Giorgio Merlani de Alessandria (região de Milão), 1430-1494.
476 Michael Marullus Tachianota de Constantinopla, 1445-1500. Compôs vários poemas em metros diferentes; celebrou os deuses pagãos nos *Hymni naturales*.
477 Marcus Musurus de Retimo (Creta), 1470-1517.
478 Chamado a Roma por Leão X, foi nomeado arcebispo de Monemvasia, na Grécia, em 1516. Morreu no ano seguinte.
479 Julius Pomponius Laetus de Diano (1428-1497), fundador da Academia Romana, a qual foi dissolvida sob acusação de paganismo, para ser reaberta mais tarde.

BULÉFORO: Platina,[480] pois?

NOSÓPONO: Teria sido importante em História, se houvesse encontrado um tema mais feliz.[481] Em *O Melhor cidadão* e em *O panegírico*,[482] aproxima-se um tanto da imagem de Cícero, mas com tal distância que não foi considerado merecedor do título de ciceroniano pelos votos dos conhecedores; no mais, era homem douto, facundo e, se não me engano, bom.

BULÉFORO: Que me dizes de Fillipo Boroaldo, o Velho?[483] Vejo que meneias a cabeça em desaprovação... Sabia que isso aconteceria.

NOSÓPONO: Faço antes sinais de aprovação, se mo recomendas como homem de mérito nos estudos literários; mas, se postulas que o inscreva no catálogo de ciceronianos, eu to recuso. Admitirei mais prontamente a Fillipo Beroaldo, o Jovem,[484] ainda que tenha produzido muito pouco nas letras.

BULÉFORO: Em vão então citar-te-ei Giorgio Valla,[485] Cristoforo Landino,[486] Mancinello,[487] Pietro Marso,[488]

---

480 Bartolomeo Sacchi de Piadena, também chamado Bartolomeo Platina (1421-1481).
481 Escreveu *Vidas dos Papas* em 1479.
482 *De optimo ciue* e *Panegyricus*, ambos de 1504.
483 1453-1505, professor de retórica em Bolonha. Editou e comentou textos clássicos.
484 1472-1518, sobrinho do anterior.
485 1447-1499.
486 1424-1504. Membro da Academia Florentina.
487 Antonio Mancinelli de Velletri (1452-1505), professor e autor de numerosos tratados gramaticais.
488 1442-1512. Erasmo o menciona na *Epístola*, 152:23n.

Battista Pio,[489] Cornélio Vitelli,[490] Niccolò Leocineno[491] e Leonico,[492] Bartolomeo Scala,[493] Paolo Cortesi,[494] Pietro Crinito[495] ou Jacopo Antiquario.[496]

NOSÓPONO: Como estás confundindo autores diversos em uma gororoba! Silencia os Mancinellois, os Vitelios e os Marsos quando se trata de eloquência. Battista Pio tentou falar a seu modo. Scala julgava-se tuliano, mas Poliziano não o julga sequer latino, tanto que nem lhe atribuiu senso comum. Sobre Paolo Cortesi se falará depois. Pietro Crinito está muito longe do estilo ciceroniano, embora elogie a erudição do homem. Leocineno era médico, não rétor. Leonico, sempre assíduo devoto no santuário da filosofia, sobretudo platônica, dedicou-se a compor diálogos à maneira de Platão e de Cícero, e mostra tanta eloquência quanta se pode pedir de um filósofo hoje em dia. Se não me engano, nem ele mesmo desejará ser chamado ciceroniano, pois ainda está vivo esse homem de costumes íntegros e de discreta erudição.

---

489 Giovanni Battista Pio de Bologna (1460-1540). Chegou a ser considerado o líder do movimento anticiceroniano.
490 Morto por volta de 1509. O primeiro professor de grego de Oxford (por volta de 1475).
491 1428-1524. Ensinou em Ferrara por sessenta anos.
492 Niccolò Tomeo Leonico de Veneza (1456-1531). Platonista, professor de grego e tradutor.
493 1430-1491. Entrou em disputas com Poliziano sobre linguagem e estilo.
494 1465-1510. O primeiro ciceroniano estrito, cuja carta a Poliziano iniciou a controvérsia.
495 1475-1505.
496 1444-1512.

Diálogo ciceroniano

BULÉFORO: Que pensas de Domizio Calderino?[497]

NOSÓPONO: Era uma boa esperança, se as delícias romanas e em seguida uma morte prematura não tivessem interrompido o bem iniciado percurso do jovem em seus estudos.

BULÉFORO: Há ainda Scipio Carteromaco.[498]

NOSÓPONO: Reconheço que o homem era douto em ambas as literaturas sem ostentação, mas, pelas coisas que escreveu, não parece que tenha aspirado à eloquência tuliana.

BULÉFORO: Não rejeitarás, creio, Girolamo Donato,[499] patrício veneziano.

NOSÓPONO: Suas cartas, praticamente a única coisa que temos dele, demonstram que teria podido sobressair-se em qualquer tema, se tivesse desejado voltar sua atenção a ele, mas os negócios da vida pública o afastaram do ócio literário.

BULÉFORO: Aprovas Antonio Sabellico?[500]

NOSÓPONO: Aprovo-o como homem facundo por natureza e não desprovido de técnica. Às vezes fala segundo a retórica, não insatisfatoriamente. É brilhantemente versado em História, mas somente naquela que exige um determinado estilo oratório.

---

497 1446-1478. Morreu de peste, aos 32 anos.
498 Scipione Fortiguerra, ou Scipio Carteromachus de Pistoia (1466-1515).
499 1457-1511.
500 Marcantonio Coccio Sabellico de Vicovaro (1436-1506), ensinou retórica em Veneza.

BULÉFORO: Até aqui tratamos, em sua maioria, de autores mortos; agora devemos, como se diz,[501] recordar os vivos, sobre os quais talvez hesitarás em expressar o que pensas.

NOSÓPONO: Em absoluto, visto que professo que esta glória mal tocou algum dos mortais até o presente.

BULÉFORO: Conheces Paolo Emilio?[502]

NOSÓPONO: Reverencio neste homem a profunda cultura, sua diligência, a retidão de sua vida e sua total credibilidade em História. Mas nem aspirou ao estilo tuliano, nem tampouco o possui.

BULÉFORO: Citar-te-ei Battista Egnazio.[503]

NOSÓPONO: Nomeaste-me um homem não menos probo e íntegro do que erudito e eloquente, mas os votos dos conhecedores lhe negam a honra do título de tuliano. Preferiu uma maneira douta de falar à ciceroniana e conseguiu o que queria.

BULÉFORO: Aí tens Paolo Bombace.[504]

NOSÓPONO: Sem dúvida que reverencio a Paolo Bombace, um homem de coração totalmente de ouro: jamais existiu outro mais amigo de um amigo do que ele, mas, poupando-se por motivo de saúde, não se entregou completamente à pena. Depois, como tinha um espírito em nada abjeto, desgostou-se

---

501 Cícero, *De finibus* 5.3; *Adagia* I ii 52.
502 1460-1529, humanista italiano que promoveu estudos humanísticos na França, país do qual escreveu uma história, *De rebus gestis Francorum*, recebendo por isso o título de "o Lívio francês".
503 Giovanni Battista Egnazio, ou Giambattista Egnazio Cipelli de Veneza (1478-1553), famoso orador.
504 1476-1527, amigo de Erasmo e estudioso dos elegíacos romanos.

com as contendas desonestas de seus mesquinhos competidores, pois ensinava grego em Bolonha com salário público,[505] dedicou-se às atividades políticas; finalmente, chamado a Roma, preferiu aumentar seu patrimônio a envelhecer nas letras.

BULÉFORO: Talvez sejas mais favorável aos mais jovens. Que pensas de Andrea Alciato?[506]

NOSÓPONO: Dir-te-ei o que pensam os eruditos que conhecem o homem melhor do que eu. Julgam que unicamente a ele compete o elogio inteiro que Marco Túlio repartiu entre Quinto Scaevola e Lúcio Crasso, quando disse que este era "o mais jurisperito dos eloquentes" e aquele, "o mais eloquente dos jurisperitos".[507] O poder de sua eloquência, Alciato demonstrou-o no prefácio que lemos na introdução a seu *Cornélio Tácito*. Pois nas *Anotações*[508] propôs-se a ensinar, não a falar segundo a retórica.

BULÉFORO: Dos italianos, creio, não omitimos muitos dignos de memória. Mas, ah, ocorre-me Girolamo Aleandro,[509] nomeado há pouco arcebispo de Brindisi, pelo favor de Clemente VII: talvez não devêssemos tê-lo omitido neste censo.

---

505 Perdeu sua cátedra de grego em Bolonha quando precisou se afastar para tratamento de saúde. Morreu no saque de Roma em 1527.
506 1492-1550, o mais famoso professor de direito de seu tempo, que, entretanto, preferiu dedicar-se às letras.
507 *Brutus* 145.
508 *Annotationes ad Tacitum*; ou seja, Alciato demonstrou seu conhecimento retórico no prefácio, uma vez que, no livro em si, tinha preocupações didáticas, mais do que oratórias.
509 Hieronymus Aleander de Motta, Friuli (1480-1542), professor de grego e latim. Abandonou esses interesses em nome de missões diplomáticas e de funções eclesiásticas. Foi nomeado bispo de Brindisi em 1524.

NOSÓPONO: Pelo que escreveu, não fica claro de que ele seria capaz no gênero oratório. Pois vieram à luz somente poucas obras suas, nas quais não parece que ambicionasse esta glória. E já faz tempo que os assuntos civis e bélicos arrebataram para outro caminho um homem elegantemente instruído no domínio das línguas, que não merecia prestar seus serviços aos negócios profanos.

BULÉFORO: Por certo, julgo que Alberto, príncipe de Carpi,[510] se aproxima mais do estilo tuliano que Aleandro. Mas, que eu saiba com certeza, não publicou nada até agora. Vi somente um único livro seu ou, se preferes, uma carta extensa, extraída de um livro, em resposta a Erasmo;[511] há, no entanto, quem afirme como certo que é outro o autor desta obra.

NOSÓPONO: O certo é que o autor, quem quer que seja, se aproxima do estilo tuliano, ao menos na medida em que isso foi possível a um homem dedicado desde a juventude aos temas teológicos e filosóficos.[512]

---

510 Alberto Pio (1475-1531), sobrinho de Pico della Mirandola.
511 Pio afirmou que Erasmo tinha simpatia pelas doutrinas de Lutero e, em 10 de outubro de 1525, o holandês lhe escreveu, desmentindo-o. Em resposta, Pio redigiu uma *Responsio* em forma de carta, na qual atacava Lutero e acusava Erasmo de ser a causa dos tumultos luteranos. Erasmo lhe contestou, por sua vez, com sua própria *Responsio*, à qual Pio tentou treplicar com um catálogo de citações de Erasmo que, segundo ele, comprovavam seu apoio ao alemão: *In locos lucubrationum Erasmi*. Mas Pio morreu em 1531, antes de concluir a obra. No mesmo ano, Erasmo publicou uma defesa, a *Apologia*.
512 Em carta de 1527, Erasmo chama Pio de "um advogado com ambições teológicas que se arvorava em aristotélico" (Erasmo apud Knott, nota 665, p.586).

BULÉFORO: Vês quantos escritores do mais célebre renome eu te citei, Nosópono, dentre os quais nenhum, segundo confessas, obteve a honra do título de tuliano. Talvez alguns me escapem à memória; tu, Hipólogo, se conheces alguns, sugere-os!

HIPÓLOGO: Os dois Célios, Rhodigino[513] e Calcagnino.[514] Não sei se os omitiste deliberadamente...

BULÉFORO: Está claro que sem me dar conta.

NOSÓPONO: Rhodigino era um homem piedoso e de vasta leitura, mas de forma alguma deve ser admitido em uma competição de eloquência. O segundo o supera tanto em cultura quanto em eloquência, e seu estilo é elegante e ornamentado, mas tem certo sabor de filosofia escolástica, coisa que até o momento foi obstáculo, não a que possa ser incluído entre os escritores facundos, mas sim entre os ciceronianos.

BULÉFORO: Omito um ou outro deliberadamente; nossa conversa nos conduzirá mais oportunamente à menção de seus nomes. Entretanto, se vos aprouver, passemos por um momento à Gália, a mais florescente nos estudos, tanto outrora quanto hoje em dia. Dela referir-nos-emos somente aos autores principais, os quais mereceram, por seus escritos vindos à luz recentemente, a glória da eloquência. Não faz muito tempo que Robert Gaguin[515] passou a ser tido como

---

513 Lodovico Ricchieri, também chamado Caelius Rhodiginus (1469-1525).
514 Calcagnini de Ferrara (1479-1541). Em 1533, agradeceu a Erasmo por ter sido citado aqui.
515 Robertus Gaguinus de Colonne (1433-1501), publicou seus discursos em 1498.

um grande nome, embora seja mais apreciado por sua expressão oral do que por seus escritos.

NOSÓPONO: Mas em sua época; agora mal seria admitido entre aqueles que falam latim.

BULÉFORO: E se te mencionasse os dois irmãos Fernand?[516]

NOSÓPONO: Não os aceitarei.

BULÉFORO: E Guy Juvenal?[517]

NOSÓPONO: Muito menos.

BULÉFORO: E Joseph Badio?[518]

NOSÓPONO: Admiti-lo-ia nesta competição pela glória mais facilmente que a Apuleio.[519] O empenho de Badio não foi de todo infrutífero; há nele uma facilidade não desprovida de cultura e teria chegado a resultados mais felizes se as preocupações domésticas e o esforço para formar um patrimônio[520] não lhe tivessem interrompido aquele famoso ócio amigo das Musas, necessário ao candidato a esta glória.

---

516 Charles e Jean Fernand.
517 Guy Jouvenneaux, ou Guido Juvenalis (1460-1505), dedicou-se primeiro ao latim clássico e, posteriormente, aos escritos religiosos.
518 Josse Bade, ou Jodocus Badius (1461-1535). Foi editor de Erasmo, mas quando este passou a publicar com Froben, Bade se sentiu livre para editar os oponentes de Erasmo.
519 Na primeira edição, Nosópono não falava em Apuleio, mas em Budé, glória das letras francesas. O furor que causou essa comparação entre Badio e Budé, em detrimento deste último, levou Erasmo a modificar o texto. Isso, entretanto, não parece ter aplacado o francês, que não voltou a escrever para Erasmo.
520 Badio tinha uma família grande e relatou suas preocupações financeiras a Erasmo na *Ep* 263.

BULÉFORO: Talvez atribuas a honra deste título a Guillaume Budé,[521] glória das Gálias.

NOSÓPONO: Como lhe atribuiria o que ele não ambiciona e nem reconheceria, se eu lho atribuísse? Embora ele, por outro lado, deva ser louvado por seus dotes exímios e variados.

BULÉFORO: Jacques Le Frève[522] é considerado muito célebre.

NOSÓPONO: É um homem piedoso e douto, mas que preferiu falar à maneira teológica a falar à maneira tuliana.

BULÉFORO: Admitirás talvez Jean de Pins.[523]

NOSÓPONO: Poderia incluí-lo entre os competidores por esta glória se o tumulto dos negócios e a dignidade eclesiástica não o tivessem afastado dos estudos. É certo que nos deu outrora uma preclara mostra de seu talento, quando celebrava um culto às Musas em Bolonha. Agora ouvi que foi nomeado bispo... O que isso possa ter acrescentado a sua eloquência, não o sei. É possível que tenha acrescentado mais erudição que dignidade.

BULÉFORO: Reconheces Nicolas Bérauld?[524]

---

[521] Guillaume Budé, ou Gulielmus Budaeus (1468-1540), o francês mais culto e aclamado de sua época.

[522] Jacobus Faber d'Etaples (1460-1536), autor de obras filosóficas e teológicas. Em 1512, publicou um *Comentário sobre São Paulo* que ocasionou séria dissensão entre ele e Erasmo, que jamais reataram a amizade.

[523] Joannes Pinus (1470-1537), escritor que também se dedicou à diplomacia e à administração. Tornou-se bispo de Rieux em 1523.

[524] 1470-1545, amigo de Budé e professor de Longueil.

NOSÓPONO: Reconheço que não é diferente de Pins no fluxo não elaborado de seu estilo, mas nunca aplicou suas forças ao estilo ciceroniano, sendo mais feliz ao falar que ao escrever. Adivinho bem de que seria capaz, mas prefere evitar os grandes labores.

BULÉFORO: Não temeria mencionar François Deloynes[525] se ele tivesse podido mostrar-se em um discurso ou em um livro tal qual se mostrou nas epístolas escritas de improviso a seus amigos. Coisa que bem poderia parecer semelhante a um prodígio em um homem que, em uma época não muito favorável, passou quase toda a vida às voltas com Accorsos, Bartolos e Baldos.[526] E que, já velho, rejuvenesceu alegremente nas letras mais refinadas. Faz pouco que a morte o levou da Terra; uma morte a seu tempo, é certo, pois morreu velho, mas prematura no que se refere aos estudos, os quais aquele excelente homem parecia ter nascido para elevar e ornamentar. Resta Lazare de Baïf,[527] que, com um único livrinho, e não muito grande, sobre roupas, mereceu grandes elogios e produziu uma imensa esperança a seu respeito, se é que continua a corrida em que começou no estádio das letras. Apesar de apto para o ensino, prefere, ao que parece, ser arguto e ático, mais do que ciceroniano.

---

525 1468-1524, professor de direito e membro do Parlamento de Paris. Trocou extensa correspondência com Erasmo, mas não se conhecem obras suas publicadas.

526 Francesco Accorso (1182-1260), Bartolo da Sassoferrato (1313-1356) e Baldo degli Ubaldi (1327-1400) foram três comentaristas de textos jurídicos medievais, cujo estilo representava tudo aquilo que era desprezado pelos humanistas do Renascimento.

527 1496-1547, traduziu tragédias do grego para o francês. O "livrinho" a que Erasmo se refere é *De re vestiaria*, publicado em 1526.

Ocorre-me também agora um par de autores de forma alguma desprezíveis, em minha opinião. Conheces Claude Chansonnete de Metz[528] e Corneille de Schepper?[529]

NOSÓPONO: Conheci-os ambos e já tratei com eles. Chansonnete, como tem um talento jovial, canta[530] da forma mais suave ao tratar de qualquer argumento, sobretudo em prosa; quanto valor tem em poesia, não o sei, mas se apressa, não sem êxito, à imitação de Cícero. Quase conseguiu a fluidez, a clareza e a copiosidade de Marco Túlio; mas já faz tempo que vem representando uma movimentada comédia nas embaixadas dos príncipes, enquanto que este nosso empreendimento necessita da mais profunda quietude. Mas, mesmo assim, supera a si mesmo a cada dia, como se, enquanto dá voltas por terras e por mares, levasse consigo todas as Musas como companheiras de viagem. Possui o mérito extraordinário de haver conciliado a jurisprudência e o conhecimento da filosofia à eloquência. Quanto a Schepper, além de ser versado em todo tipo de disciplinas, teceu com igual facilidade tanto prosa quanto poesia, embora também ele já há muito tempo que represente uma comédia movimentada.

---

528 Claudius Cantiuncula (1490-1560), professor de direito que acreditava que o estudo das leis deveria ser combinado com o da literatura. Leitor voraz, foi elogiado por Erasmo na *Ep* 1841:10-19.

529 Cornelius Duplicius (1503-1555), estudou filosofia, medicina, história, astronomia e matemática. Notabilizou-se por um ataque à astrologia, em 1523. Embaixador, publicou uma *Defensio* do rei Christiern II da Dinamarca em 1524 e, em 1526, escreveu versos pela morte da rainha.

530 O verbo em latim é *canit*, "canta", versão para o latim do nome francês Chansonette, de *chanson*. Este, porém, jamais escreveu poesia, mas tratou apenas de temas jurídicos.

BULÉFORO: Que pensas de Jean Ruelle?[531]

NOSÓPONO: Que é meritório para um especialista na arte médica ter credibilidade indubitável em suas traduções do grego. Preferiu esta honra a ser considerado tuliano.

BULÉFORO: Mas onde haverei de colocar Petrus Mosellanus[532] de Trèves, entre os germanos ou entre os gauleses?

NOSÓPONO: Não importa, para isto de que se trata.

BULÉFORO: Reconheces que ele é ciceroniano?

NOSÓPONO: Admiro sua igual perícia em ambas as línguas, seu caráter puro e nada sórdido, sua industriosidade infatigável, seu estilo vívido, florido e claro. Não havia nada que não se pudesse esperar dele, mas eis que, jovem, tendo ingressado havia não muito tempo na luta para conquistar esta glória literária, uma morte prematura o tirou do meio de nós, com profundo pesar de todos os doutos e com não pouco prejuízo para estudos.

BULÉFORO: Dos gauleses, pois, se te parece bem, alteremos o rumo para a Inglaterra, fértil nutriz de talentos. Mas quase havia deixado Germain de Brie[533] de lado! Não ignoras que é um homem de igual destreza em ambas as línguas, quer queira compor um poema, quer redija um discurso em prosa; e não

---

531 1479-1537, decano da faculdade de medicina de Paris e médico de Francisco I. Traduziu tratados médicos.
532 Peter Schade (1493-1524), ensinou grego e latim em Leipzig.
533 Germanus Brixius (1490-1538), renomado por seu conhecimento da língua grega. Escreveu poemas em grego e em latim. Amigo de Erasmo, alertou-o sobre as reações causadas pela primeira edição do *Ciceroniano*.

é menos feliz ao traduzir do grego para a língua latina. Nem mesmo a ele admitirias entre os tulianos?

NOSÓPONO: A verdade é que ele ainda não completou o percurso. Alcançou a copiosidade e a clareza de Marco Túlio, mas, em outros aspectos, é diferente dele. Mas suscita boas esperanças a seu respeito, se continuar, como o faz, dedicando-se por inteiro a este estudo. Por enquanto, apraz-me aplaudir sua carreira com entusiasmo.

BULÉFORO: À Inglaterra, pois. Embora ela tenha muitos candidatos ao estilo tuliano, nomearei apenas aqueles que quiseram se notabilizar por seus escritos. Se te citar William Grocyn,[534] responder-me-ás que não resta nada dele além de uma única epístola bem elaborada, engenhosa e em bom latim. Pois preferiu não escrever nada a não ver nada: o homem era míope por natureza. Predisposto para a engenhosidade epistolar, amava o laconismo e a acuidade da língua; dirias que era ático, ao menos neste gênero; não aspirou a nada mais. Não podia suportar a copiosidade de Cícero se uma vez ou outra lia seus livros. E ele era lacônico não somente ao escrever, mas também ao falar. Logo, não entrarei em contenda por ele. Mas Thomas Linacre[535] sim, não temerei propor-to.

NOSÓPONO: Sei que era um homem cultíssimo em todos os saberes, mas sua disposição com respeito a Cícero era tal que, ainda que tivesse podido ser semelhante a qualquer um dos dois, teria preferido parecer-se com Quintiliano a Cícero,

---

534 Membro do grupo de More que acolheu Erasmo quando este chegou à Inglaterra. Professor de grego em Oxford, seu único escrito publicado foi uma carta a Aldus, elegantemente escrita em latim.
535 Profundo conhecedor de grego e de latim. Médico de Henrique VIII.

mostrando-se para com ele não muito mais justo do que a ralé dos gregos. Nunca busca o refinamento, abstém-se dos afetos mais escrupulosamente do que qualquer ático, ama a brevidade e a elegância, sempre voltado para o ensino. Esforçou-se para copiar Aristóteles e Quintiliano. Logo, por mim, tens permissão para atribuir ao homem quantos elogios quiseres, mas não pode ser chamado tuliano aquele que se esforçou em ser diferente de Túlio.

BULÉFORO: Resta Richard Pace.[536]

NOSÓPONO: Este, certamente, poderia ser incluído entre os candidatos à facúndia tuliana se não lhe tivesse agradado demais aquela rapidez improvisada ao escrever e se, jovem ainda, os assuntos dos pontífices e dos reis logo não o tivessem quase desviado de seus estudos em andamento para ocupações profanas.

BULÉFORO: Partirei da Inglaterra quando te houver apresentado Thomas More.[537]

NOSÓPONO: Confesso que tinha um talento inato dos mais fecundos e que não há nada que não teria sido capaz de fazer se tivesse podido entregar-se a estes estudos. Mas, quando ele era criança, o suave aroma da alta literatura mal havia penetrado na Inglaterra. Depois, a autoridade paterna o obrigou a estudar as leis desse povo, sendo que não há nada

---

536 1482-1536, secretário e diplomata de Henrique VIII.
537 1478-1535, grande humanista e amigo de Erasmo por toda a vida. Jovem, traduziu epigramas do grego para o latim e escreveu versos em latim e inglês. Seu principal livro é *A utopia*. Conselheiro de Henrique VIII, foi executado em 1535 por sua oposição ao anglicanismo.

menos literário do que elas. Em seguida, exerceu a advocacia e daí foi chamado a desempenhar cargos políticos. Finalmente, arrastado à corte e imerso nas ondas dos assuntos do reino e dos reis, pôde mais amar do que cultivar os estudos. E, no entanto, o estilo oratório que alcançou se inclina mais à estrutura isocrática e à sutileza dialética do que àquela fluente correnteza do estilo ciceroniano, ainda que não seja inferior a Marco Túlio em elegância. E uma vez que, quando jovem, dedicou-se por muito tempo a escrever poesia, reconhecerás o poeta também em sua prosa.

BULÉFORO: Deixemos, pois, a Inglaterra, porque não vou te nomear William Latimer[538] nem Reginald Pole.[539] O primeiro, homem piedoso, preferiu desempenhar a teologia à eloquência ciceroniana; o segundo, grande admirador e não mau imitador de Cícero, não quis até o momento publicar nada com seu próprio nome. Ainda que em cartas particulares ele deixe bem claro aquilo de que é capaz, não tornarei públicos os escritos que ele mesmo ainda não trouxe à luz. Por outro lado, essa ilha tem inúmeros jovens muito promissores, mas, enquanto isso, procedamos como um crítico, não como um adivinho. Mas que há de estranho em que a juventude

---

538 1460-1545, *scholar* da cultura clássica; de seus escritos, porém, restam apenas as cartas enviadas a Erasmo.

539 1500-1558, amigo próximo de Longueil, que morreu em sua casa em 1522 e cujos escritos Pole publicou, segundo o último desejo do amigo. Protegido de Henrique VIII, enfrentou períodos de instabilidade em sua carreira ao marcar posição contra o divórcio do rei; foi um dos líderes da contrarreforma inglesa, sob Maria Tudor (a "Sanguinária") e quase foi eleito Papa em 1549. Bispo de Canterbury a partir de 1556.

floresça ali, onde o rei em pessoa[540] não apenas estimula com prêmios os talentos inatos, mas também os incita com seu próprio exemplo, por mais preguiçosos que sejam, tendo já atestado com dois livrinhos[541] o quanto defende a religião e o quanto seu talento e sua facúndia têm força?

NOSÓPONO: Eu, sem dúvida, admirei em grande medida esses dois livrinhos, que não se afastam do estilo tuliano a não ser pelo fato de que o tema e a dignidade régia do autor parecem exigir certo gênero próprio de eloquência.

BULÉFORO: Que resta, pois, senão navegarmos daqui para a Holanda?

NOSÓPONO: Antes para a Escócia, creio.

BULÉFORO: Não discordaria se conhecesse ali algum autor que eu achasse que tu fosses suportar. Prefiro ir à Dinamarca, que nos deu Saxo Gramático,[542] que compôs uma esplêndida e magnífica *História* de seu povo.

NOSÓPONO: Aprovo seu talento vívido e ardente, seu discurso nunca descuidado ou desatento, sua impressionante

---

540 Henrique VIII (1509-1547), cujo reinado foi, a princípio, uma promessa de uma época de ouro para a literatura e as artes. Erasmo tinha grandes esperanças com relação a ele, o que o levou à Inglaterra em 1511.

541 Dois livros publicados por Henrique VIII: *Assertio septem sacramentorum adversus Martinum Lutherum* (1521) e *Literarum quibus Henricus octavus respondit ad quandam epistolam Martini Lutheri exemplo* (1526). Houve rumores de que o bom latim do primeiro se deveu em grande parte a Erasmo.

542 1158-1220. Trata-se de *Danorum regum heroumque historiae*, publicada em Paris em 1514.

copiosidade de palavras, aforismos frequentes e admirável variedade de figuras, a ponto de que não pode deixar de se admirar de onde um dinamarquês daquela época tenha podido tirar tão grande força oratória. Mas mal encontrarás nele somente umas pinceladas de Cícero...

BULÉFORO: Passemos, pois, à Holanda.

NOSÓPONO: Mas antes à Zelândia, para que não te esqueças de nenhum.

BULÉFORO: Também essa região nutre alguns talentos promissores, mas a maioria é arruinada pelo luxo. De lá, sem dúvida, cito-te Adriaan de Baerland,[543] em cujos escritos reconhecerás a pureza e a facilidade do estilo tuliano.

NOSÓPONO: Nesse aspecto, aproxima-se, é verdade, mas não reproduz Cícero inteiro.

BULÉFORO: Fácil é o trajeto da Zelândia à Holanda, mãe fértil de bons talentos, mas ali a honra da eloquência não é levada em consideração, e os prazeres não permitem que a índole amadureça sem dificuldade. De lá citar-te-ei Erasmo de Roterdã, se mo permites.

NOSÓPONO: Disseste que haverias de falar de escritores. Este, porém, nem sequer o ponho entre os escritores. Era só o que me faltava, incluí-lo entre os ciceronianos!

---

543 Adriaan Cornelissen de Baerland, ou Adrianus Cornelius Barlandus (1486-1538), primeiro professor de latim no Collegium Trilingue, de 1518 a 1519. Escreveu historiografia e fez anotações a vários autores clássicos, incluindo Cícero.

BULÉFORO: Que ouço? Mas se me parecia até que poderia ser incluído entre os *polygraphous*![544]

NOSÓPONO: É possível, se *polygraphous* é quem emporcalha muitos papéis com tinta preta. Uma coisa é escrever tema de que tratamos, e outra o gênero dos escritores. Se não fosse assim, aqueles que ganham dinheiro copiando livros à mão seriam chamados de "escritores", quando os eruditos preferem chamá-los de "escribas". Mas, para nós, escrever é o que é para o campo produzir frutos; para nós, a leitura é o mesmo que a adubação para o campo; para nós, a reflexão e a correção são o mesmo que nos campos a gradagem, a lavragem, a poda, a arrancadura da cizânia e outros trabalhos sem os quais a semente ou não brota, ou, tendo brotado, não cresce.

BULÉFORO: Que achas, pois, de Erasmo?

NOSÓPONO: Ele joga tudo precipitadamente; não dá à luz, mas aborta; às vezes escreve um volume aceitável "apoiando-se num pé só",[545] mas nunca é capaz de ordenar a seu espírito que releia, ainda que uma vez só, o que escreveu, e não faz outra coisa que não seja escrever, quando deveria tomar da pena no final, depois de uma longa leitura, e mesmo assim raramente. Que dizer do fato de que nem sequer aspira a falar à maneira tuliana, não se abstendo de palavras teológicas e às vezes nem mesmo das vulgares?

---

544 Em grego no original: "escritores prolíficos", termo usado por Cícero em *Ad atticum* 13.18. Erasmo chama a si mesmo *polygraphus* em vários textos.
545 Horácio, *Sátiras* I.4.10.

BULÉFORO: Willem de Gouda[546] era mais correto.

NOSÓPONO: Era ático nas epístolas, bom em poesia, mas oh, luxo perverso, quantos talentos fecundos corrompes ou destróis!

BULÉFORO: Conheces Gillis van Delft?[547]

NOSÓPONO: Era homem de variada cultura e não seria mau versificador se tivesse acrescentado vigor à facilidade.

BULÉFORO: Maarten van Dorp[548] morreu há pouco.

NOSÓPONO: Tinha um talento fecundo, adaptável a qualquer tema e nada desgracioso, mas preferiu deixar-se guiar por opiniões alheias a guiar-se pela própria. O estudo da teologia afastou o homem das Musas, afinal.

BULÉFORO: Que achas de Jacob Ceratino?[549]

NOSÓPONO: Gerou uma grande esperança a seu respeito, mas está muito longe de ser ciceroniano.

BULÉFORO: Logo, se concordares, passemos dali à Frísia. Esta região, com efeito, nutre talentos nascentes, como se costuma dizer. Mas Como não se dá com as Musas...[550]

---

546 Willem Hermans, ou Gulielmus Gaudanus (1466-1510), amigo de Erasmo.
547 Aegidius Delphus, cujos poemas incluíam paráfrases métricas da Bíblia.
548 1485-1525, professor de latim e de teologia.
549 Jacob Teyng ou Jacobus Ceratinus, cuja inconstância o levou a mudar-se de cidade em cidade, como professor.
550 O deus Como era a divindade da gula. Erasmo considerava os alemães autoindulgentes com relação à comida e à bebida.

Omitirei, portanto, os Langens[551] e os Canters;[552] Rodolfo Agrícola,[553] sozinho, vale por muitos.

NOSÓPONO: Reconheço-o como homem de coração divino, de profunda erudição, de estilo nada vulgar, um homem sólido, vigoroso, requintado e contido, mas que tem certo sabor a Quintiliano na elocução e a Isócrates na estrutura do discurso, embora seja mais sublime do que ambos e também mais fluente e claro do que Quintiliano. Atingiu o que queria, e não duvido de que teria podido reproduzir a figura de Cícero se a isso tivesse voltado o empenho de sua determinação. Também a ele certos obstáculos impediram a suprema glória, principalmente a infertilidade de sua terra e de sua época, em que mal se dava às letras mais refinadas alguma consideração, e a vida pouco frugal de seu país. Na Itália poderia ter chegado ao topo, se não tivesse preferido a Germânia.

BULÉFORO: Resta Haio Herman,[554] desse mesmo país.

NOSÓPONO: Reconheço-o como um jovem de uma índole divina, mas não nos resta dele nenhum exemplar nas letras, além de algumas epístolas do que as quais nada é mais puro, correto ou suave. Este poderá talvez obter a vitória nesta contenda, se a sua natureza tão fecunda acrescentar-se igual aplicação.

---

551 Rudolf van Langen, humanista da Westfalia.
552 Família famosa por sua erudição, sobre a qual se dizia que só falava latim em casa.
553 Rodolphus Agricola, ou Rudolf Huusman, ou Huisman (1444-1485), estudou grego com Gaza na Itália. Ao retornar à Alemanha, em 1479, transmitiu seu conhecimento humanístico. É um dos pioneiros da Renascença no norte.
554 Erasmo o considerava o sucessor de Agrícola, embora, ao que se saiba, não tenha publicado nada.

BULÉFORO: Não creio que devamos passar ao largo da Westfália, que nos deu Alexander Hegio.[555]

NOSÓPONO: Nomeias-me um homem erudito, honesto e eloquente, mas que, por menosprezo à glória, não empreendeu nada de importante.

BULÉFORO: Também nos deu Hermann von dem Busche.[556]

NOSÓPONO: É fecundo ao compor em poesia; na prosa reside a grande força de seu talento, sua leitura variada, seu julgamento agudo e um estilo suficientemente vigoroso, mas sua composição está mais próxima de Quintiliano que de Cícero.

BULÉFORO: Não conheces, creio, Conrad Gocklen.[557]

NOSÓPONO: Acaso falas daquele que entre os brabantes é há muito tempo o ornamento não somente do Colégio Busleyden, a que alguns chamam Trilíngue, mas também daquela universidade inteira, embora ela seja, no mais, das mais florescentes?

BULÉFORO: Desse mesmo.

NOSÓPONO: Decerto que me é conhecido *kai oikothen*.[558]

BULÉFORO: Que exiges dele, para que ainda não seja considerado entre os ciceronianos?

---

555 1433-1498.
556 Hermannus Buschius (1468-1534), publicou principalmente poemas, e sua carreira foi considerada decepcionante.
557 Konrad Wackers (1489-1539), professor de latim no Collegium Trilingue de Louvain.
558 Em grego no original: muito bem.

NOSÓPONO: Opino que um talento assim seria capaz do que quer que ele quisesse a sério, mas prefere ser gordinho a ser polígrafo.

HIPÓLOGO: Conheço nele uma só coisa pela qual é muito diferente de Cícero.

BULÉFORO: O quê?

HIPÓLOGO: Sabemos que Cícero tinha um pescoço muito comprido e fino. Glocklen tem um bem gordo, e tão curto que o queixo é quase colado ao peito.

BULÉFORO: Não estamos aqui discutindo sobre o pescoço, mas sobre o estilo. No mais, é hora de abandonarmos a Westfália. A Saxônia tem jovens de muita esperança e que não prometem sobre si mesmos nada de medíocre, entre os quais figura Christoph von Carlowitz,[559] muito distinto pela linhagem de seus antepassados, mas mais distinto ainda por seus escritos e por seus costumes, corretíssimos. Mas não te cansarei com uma lista daqueles cuja índole ainda está em formação e, por assim dizer, "em folha". Prosseguirei com os demais germanos, cuja figura principal foi Capnio.[560]

NOSÓPONO: Foi um grande homem, mas seu discurso tinha o sabor de sua época, então mais rude e mais inculta.

---

559 Christophorus Carlebitzius (1507-1578), jovem estudante que foi recomendado a Erasmo por Glocenius.

560 Johann Capnio ou Reuchlin (1455-1522), primeiro professor alemão de grego, que, por isso, se tornou o centro de uma violenta controvérsia entre os dominicanos e os defensores da "nova" disciplina.

Assim também era Jacob Wimpfeling[561] e mais alguns parecidos com ele, por obra dos quais, no entanto, os estudos na Germânia resultaram de não pouca utilidade. Ainda que Wimpfeling tenha voltado à vida, de certa maneira, em seu sobrinho, Jakob Spiegel.[562]

BULÉFORO: Conheces então o discípulo de Capnio, Filipe Melanchthon?[563]

NOSÓPONO: Não haveria talento mais fecundo do que ele se tivesse se entregado às Musas. Mas, até agora, buscou essa glória com leviandade e, contente com a fertilidade de sua natureza, não aplicou muita arte nem cuidado a seus escritos, e não sei se suas forças não o teriam abandonado se houvesse ambicionado mais. Parece ter nascido para o discurso improvisado e agora, voltado para outros afazeres, parece ter em grande parte abandonado o estudo da eloquência.

BULÉFORO: Eis, pois, Ulrich von Hutten.[564]

NOSÓPONO: Exibe suficiente esplendor e copiosidade em prosa e era ainda melhor em poesia, embora estivesse muito distante da imagem de Cícero.

---

561 1450-1528, escreveu obras polêmicas.
562 1483-1547, advogado e conselheiro de Maximiliano I, Carlos V e do arquiduque Fernando. Reeditou a obra autobiográfica de seu tio e tutor, *Expurgatio contra detractores*, em 1514.
563 Phillip Schwarzwerd (1488-1523), o *Praeceptor Germaniae*. Colaborador de Lutero, foi o cérebro da Reforma.
564 1488-1523, humanista que abraçou a causa do luteranismo e, por esse motivo, entrou em litígio com Erasmo, que sempre se recusou a abandonar sua ordem monástica.

BULÉFORO: Devíamos ter mencionado antes Willibald,[565] sob cuja liderança a eloquência começou a florescer entre os germanos pela primeira vez, pois ele a tornou ilustre tanto pela piedade de seus costumes quanto pelo esplendor de sua fortuna.

NOSÓPONO: Se persegue Cícero, não sei; mas certamente não o alcançou. Impedem-no não tanto seu talento, mas os assuntos políticos e sua saúde pouco propícia,[566] embora ele, mais do que ninguém, mereça o melhor. No entanto, ao escrever tão bem de improviso, demonstra claramente o quanto seria capaz de se sobressair se a isso aplicasse suas forças.

BULÉFORO: A Germânia inteira tributa muitos elogios a Ulrich Zasi.[567]

NOSÓPONO: Mas menos do que esse homem mereceu. Além de seu conhecimento exato do direito, a que se dedica, manifesta certa habilidade de escrita e de fala muito fecunda, mesmo quando improvisa; dirias que seu discurso, com palavras excelentes escolhidas ao mesmo tempo que sentenças, emana de certa fonte riquíssima, a tal ponto que nunca se detém, nem para, nem silencia; ademais, há ainda em seus escritos alegria juvenil e, por assim dizer, vida; negarias que

---

565 Willibald Pirckheimer (1470-1530), jurista e homem de Estado, conselheiro de Maximiliano I e Carlos V. Dedicou-se também à literatura e produziu escritos em latim. Amigo e correspondente de Erasmo.
566 Sofria de pedras nos rins (*Ep* 2493:21) e de anemia.
567 Ulrich Zäsi (1461-1536), advogado, autor de textos jurídicos. Amigo de Erasmo.

aquilo que estás lendo é obra de um velho; no entanto, imita mais Poliziano do que Cícero.

BULÉFORO: Vá lá. Mas dessa mesma vizinhança te cito agora Bruno Amerbach[568] de Raurach. A natureza jamais criou nada mais puro do que este homem.

NOSÓPONO: Tanto quanto é possível perceber pelo gosto, teria sido importante, se uma morte prematura não o tivesse arrebatado jovem dos estudos.

BULÉFORO: Aprovas o suíço Heinrich de Glaris?[569]

NOSÓPONO: Ele preferiu envelhecer na filosofia e nas ciências matemáticas a emular o estilo ciceroniano, que combina mal com as sutilezas dos matemáticos.

BULÉFORO: Resta apenas um; se não o aceitares, passaremos à Panônia.[570]

NOSÓPONO: Quem?

BULÉFORO: Ursino Vélio.[571]

NOSÓPONO: É bom em poesia e não é mau em prosa; tem bastante inspiração e elegância; quando tiver publicado a *História* que, diz-se, está escrevendo sobre os feitos de Fernando,

---

568 1484-1519, filho do impressor Johann Amerbach, de quem herdou o ofício. Morreu de peste, e Erasmo escreveu um epitáfio em que destaca seu conhecimento do grego, do latim e do hebraico.
569 Heinrich Glareanus, ou Loriti do Cantão Glarus (1488-1563), editou historiadores e poetas latinos. Sua obra mais importante foi *Dodecachordon*, de 1547, sobre teorias musicais antigas.
570 Hungria.
571 Caspar Velius (1493-1563), de Ursina, publicou *Poemata*.

rei da Panônia e da Boêmia,⁵⁷² pronunciar-nos-emos com mais certeza.

BULÉFORO: Tenho a firme esperança de que ele, com as forças de sua eloquência, haverá de corresponder à altura ao renome do príncipe e à magnitude de seus feitos. A menção deste autor nos conduziu à Panônia, pois ele vive ali agora, onde não conheço nenhum candidato à eloquência ciceroniana, salvo Jacob Piso.⁵⁷³ Mas primeiro a corte, depois a calamidade e há pouco também a morte nos arrebataram este homem.

NOSÓPONO: Ouvi isso, e lamentei-o.

BULÉFORO: Também a Sarmácia⁵⁷⁴ tem autores que não poderias desprezar, mas não recordarei senão os que deram prova de seu talento com a vinda à luz de seus livrinhos. A figura principal dentre eles é Andreas Critius,⁵⁷⁵ bispo de Plock, que mantém seu talento, como se diz, em dinheiro sonante:⁵⁷⁶ compõe bons poemas, mas é ainda melhor em prosa; quando escreve de improviso, dispõe de uma douta facilidade e de uma linguagem encantadora graças a certa eterna jovialidade de seu discurso.

---

572 Erasmo soube pelo próprio Ursino, em carta de 1527 (*Ep* 1917), que este tencionava escrever a história das campanhas do rei Fernando. Ursino não gostou de ver seus planos tornados públicos e nunca completou a obra.
573 Morto em 1527. Embaixador húngaro, conheceu Erasmo em Roma. Perdeu todos os bens após a invasão turca.
574 Polônia.
575 Andrzej Krzycki (1482-1537).
576 Como disse Augusto acerca de Lucius Vinicius. Ver Sêneca, o *Velho controversiae* 2.5.20 e Quintiliano, *Institutio Oratoria* 6.3.111.

NOSÓPONO: Os poucos escritos seus que degustei me inspiram enorme esperança a seu respeito, a menos que as embaixadas e os assuntos do reino e da Igreja o obriguem a abandonar o ócio das Musas.

BULÉFORO: Já a Espanha, que não há tanto tempo assim começou a reflorescer para a sua antiga glória de talentos, tem muitíssimos homens doutos e eloquentes, mas não tem muitos que se tenham feito notar por seus escritos. Entre eles, Antonio de Nebrija,[577] homem de vasta erudição, mas que não deverias mencionar no catálogo dos tulianos.

NOSÓPONO: Adivinhaste meu pensamento.

BULÉFORO: Nem tampouco López,[578] creio, nem Sancho.[579]

NOSÓPONO: Este último é teólogo e não aspirou a este mérito; o primeiro é muito menos fértil ao elogiar do que em vituperar; nem um nem outro são ciceronianos.

BULÉFORO: Estranharei se privares Juan Luis Vives[580] desta honra.

---

577 Elio Antonio de Nebrija ou Antonius Nebrissensis (1444-1522), humanista com grandes conhecimentos nas três línguas bíblicas. Produziu edições de poetas latinos, uma gramática do latim e a primeira gramática do espanhol (em 1492), um dicionário latim--espanhol e um manual sobre a pronúncia correta do grego.
578 Diego Lopez Zúñiga, inimigo de Erasmo e um de seus piores opositores na Espanha. Na segunda edição do *Ciceroniano*, Erasmo faz questão de mencionar que citou seu nome, a despeito de sua inimizade (p.339).
579 Sancho ou Sanctius Carranza, morto em 1531.
580 Juan Luis Vives (1492-1540), ainda não havia publicado nada de mais importante na época do *Ciceroniano*.

NOSÓPONO: É verdade que não sinto falta nele nem de talento, nem de erudição, nem de memória; possui uma bem preparada copiosidade de ideias e de palavras e, embora em princípio tenha sido um pouco duro, sua eloquência foi amadurecendo mais e mais a cada dia; se nem a vida nem o esforço o abandonarem, há boa esperança de que venha a ser contado entre os ciceronianos. Pois há autores cujos empenhos em escrever se dão segundo o costume de Mandrábulo,[581] como diz o provérbio. Viveres se supera a si mesmo a cada dia. E tem um talento que pode se voltar para qualquer matéria e está singularmente preparado para a faculdade de declamar. Ainda não alcançou, entretanto, algumas virtudes de Marco Túlio, especialmente o deleite do estilo e a flexibilidade.

BULÉFORO: Também sei de alguns lusitanos eruditos que deram provas de seu talento; mas não conheci nenhum, exceto um tal Hermico,[582] bom nos epigramas, ágil e fácil em prosa e com uma mordacidade habilidosíssima para a conversação; também conheço Ginés,[583] que, com um livrinho editado há pouco em Roma, gerou uma clara esperança a seu respeito.

---

581 *Adagia* 1.2.58. Mandrábulo encontrou um grande tesouro e passou a consagrar sacrifícios a Juno, os quais, entretanto, ficavam menores a cada ano (uma ovelha de ouro, de prata, de bronze). Ver Luciano, *De iis qui mercede conducti degunt* 21 e *Adagia* I ii 58.
582 Hermicus Caiadus Lusitanus, poeta português que viveu muitos anos na Itália.
583 Ginés era espanhol e se queixou a Erasmo por ter sido citado como português, nas *Ep* 2938; tampouco parece ter ficado muito satisfeito com a forma como foi mencionado, pois já tinha uma reputação estabelecida então. O livro a que Erasmo se refere é *De fide et arbitrio*, de 1525.

Vê, Nosópono, quantas regiões percorremos em busca de um único ciceroniano, sem termos encontrado até agora nenhum que consideres digno da honra deste título, cuja paixão te dilacera. Quantos autores antigos rememoramos, quantos dos séculos posteriores, quantos da nossa tradição e quantos da nossa época enumeramos! Mesmo que haja dentre eles alguns que um crítico rabugento pudesse desprezar, quão abundantes são os que com seu ensinamento e eloquência adornaram, ilustraram e enobreceram seus respectivos séculos, sua pátria, a Igreja e a arte literária! Mas ainda não encontramos nenhum ciceroniano! Que nos resta a não ser irmos às Ilhas Afortunadas, onde haveremos de procurar aquele a quem premiaremos com este nome? Suportamos com maior resignação os males que temos em comum com a maioria das pessoas. O espanhol não lamenta se não tem cabelos loiros, nem o indiano por ser de pele escura, nem o etíope por ser negro e ter nariz achatado; e tu torturas tua alma e não podes digerir a desaprovação, porque não és ciceroniano! Nem sei se é ruim não ser ciceroniano; mas, se for ruim, não suportarias com ânimo sereno um inconveniente que te é comum com tantos e tão grandes homens?

NOSÓPONO: No entanto, Christophe de Longueil,[584] homem de Brabante que foi educado entre os franceses, alcançou esta honra. Dentre os cisalpinos, somente a ele os italianos concederam a palma da vitória, enquanto enxotam todos os demais como bárbaros.

---

584 Ver o prefácio.

BULÉFORO: Longueil obteve, de fato, muitíssima glória, mas a um preço demasiadamente alto. Torturou-se por muito tempo e morreu quando a batalha ainda não havia terminado, com não pouco prejuízo para o avanço de estudos aos quais teria sido de grande utilidade se não tivesse consagrado todo seu espírito e todas as forças de seu talento no interesse de um título vão. Ainda assim, ele não se apoiava somente em Túlio, mas havia percorrido todo tipo de autores e havia estudado diligentemente todas as artes liberais, além de possuir perícia em direito; nem se contentava com reproduzir traços de Cícero, mas parece ter sido muito agudo e copioso na invenção e hábil e feliz no tratamento dos argumentos, nunca deixando de dar provas de ter uma índole admirável. Não há, pois, motivo para que todos esses símios de Cícero nos lancem Longueil à face. Ele era grande por outros dotes, mesmo se não tivesse sido ciceroniano, e esta ambição mesma por um título tão vão quase pôs a perder o fruto de seus estudos e ceifou-lhe a vida. Mesmo assim, estava ainda muito longe de Cícero, pois lhe faltou a ocasião de exercer aquela admirável eloquência que Cícero mostrou em causas sérias e importantes. Longueil publicou cartas[585] muito elegantes e bem elaboradas, confesso-o, mas muitas de tema demasiado insignificante e as demais de estilo afetado, parecidas com algumas cartas de Plínio o Jovem. Julgo que tais escritos não deveriam ser colocados na categoria de cartas. Pois o que as cartas de Sêneca têm que seja condizente com uma carta, exceto o título? Já nas cartas de Cícero não há nenhuma cerimônia. Ou escreve, acerca de assuntos importantes e sérios, aquilo que

---

585 As cartas de Longueil foram editadas e publicadas por Reginald Pole.

teria exposto na presença de seu destinatário, se isso tivesse sido possível, ou papeia com seus amigos ausentes sobre temas familiares, ou conversa sobre os estudos, da mesma forma como amigos presentes costumam bater papo entre si. E que significa o fato de que não publicou suas cartas e de que algumas parecem ter sido escritas com maior negligência do que aquela com que costumava falar? Por isso se perdeu boa parte das cartas que Tirão, o liberto de Cícero, havia reunido e, em minha opinião, não teriam se perdido se os conhecedores as tivessem considerado dignas da imortalidade. Na maioria das cartas de Longueil falta, em primeiro lugar, a simplicidade, a graça de uma linguagem sem afetação, e, em segundo lugar, falta verdade. Ademais, uma vez que nem a condição nem as ocupações de Longueil foram idênticas às de Cícero, ocorre que a imitação seja às vezes inepta e fria. Por exemplo: Marco Túlio, senador e cônsul, escreve a homens de posição igual à sua, conta o que os generais realizaram nas províncias e quão armadas estão as legiões; aponta os perigos e pressagia o final dos acontecimentos. Quando Longueil, para imitar Cícero, escreve sobre coisas semelhantes a seus amigos eruditos, que vivem no ócio, como se estivesse preocupado com o assunto mais importante, acaso não é fria sua afetação? E que me dizes do fato de que ele mesmo, retirado em sua biblioteca, mande às vezes em suas cartas os rumores mais vãos, os quais circulam entre o vulgo, indignos de ser mencionados mesmo numa conversa casual de um homem sensato?

Mas dirás que em seus discursos, pois nos deixou dois como se tivessem sido pronunciados no Capitólio,[586] levou vantagem

---

586 *Orationes duae pro defensione sua in crimen laesae maiestatis.*

a Cícero. Eu certamente os li com grande admiração e prazer, confesso-o. Pois conseguiram que eu tivesse sobre seu talento uma opinião muito mais esplêndida do que a tinha antes. Embora eu já tivesse feito a seu respeito uma ideia brilhante, ele superou minhas expectativas em muitos aspectos! Parece, com efeito, que nesses discursos extraiu todo o possível de seu talento, juntamente com tudo o que havia bebido dos discursos de Cícero. No entanto, estes discursos, elaborados durante tantos anos, tantas vezes polidos na bigorna,[587] tantas vezes oferecidos à censura dos críticos, quão pouco de Cícero têm! E não por culpa de Longueil, realmente, mas dos tempos. Cícero falava de forma apropriadíssima; Longueil dificilmente poderia fazê-lo de forma apropriada, uma vez que hoje em dia não há em Roma nem pais conscriptos, nem senado, nem a autoridade do povo, nem os sufrágios das tribos, nem os magistrados que costumava haver, nem leis, nem comícios, nem fórmulas processuais, nem províncias, nem municípios, nem aliados, nem cidadãos; enfim, Roma já não é Roma, e não tem nada além de ruínas e escombros, cicatrizes e vestígios de sua antiga queda. Tira o Papa, os cardeais, os bispos, a cúria e seus funcionários, mais os embaixadores dos príncipes, das igrejas, dos colégios e das abadias, e essa multidão de homens que vivem em parte deste mercado e que em parte confluem ali por amor à liberdade ou em busca de fortuna; que será Roma? Alguém dirá que o reino dos pontífices entregue por Cristo é mais augusto que a autoridade que havia sido outrora do senado, do povo romano ou ainda, se quiseres, de Otávio

---

587 Horácio, *Arte poética* 441.

César.[588] Isso não me importa nada, contanto que admitas que é um tipo diferente de reino. Disso resulta que um discurso idêntico tampouco convém, se consideramos que é ciceroniano acomodar a linguagem às circunstâncias presentes. Mas aquele famoso jovem temperou seu discurso para as paixões de homens que ainda sonham com a antiga Roma, "senhora do mundo e nação togada",[589] da mesma forma que os judeus não desistiram ainda de sonhar com seu Moisés e com o templo de Jerusalém.

Além do mais, o jovem Cristophe não era importante por nenhuma magistratura, nem por suas façanhas, nem por outro mérito que não fosse seu talento, o que eu, em verdade, estimo mais belo do que se tivesse se degradado por um reino. Mas este personagem nada tem a ver com Cícero.

Toma agora o objeto dos discursos. Ele havia iniciado uma contenda com certo jovem italiano,[590] encarregado, creio eu, de resgatar dos "bárbaros" a eloquência ciceroniana. Mesmo agora, segundo tenho ouvido, há em Roma certa confraria de homens que têm mais literatura do que religião; são chamados doutores e muitos os têm em grande apreço. Essa disputa foi provocada por estes ociosos, enquanto os afetos ferviam de um lado e de outro, já que esta cidade tira motivo de divertimento de qualquer parte. Entretanto, a causa de Longueil se agravava por causa de Lutero, por culpa do qual o que quer

---

588 O Imperador Augusto, cujo longo reinado foi marcado pelo esplendor material e cultural.
589 Virgílio, *Eneida* 1.282, mas alterada.
590 Celso Mellini, que elaborou uma acusação formal contra Longueil, ao qual havia sido negada a cidadania romana por méritos intelectuais, apesar de o Papa ter-lhe concedido uma pensão anual.

que estivesse relacionado à Alemanha, para não dizer a todos os cisalpinos, tinha má reputação entre os romanos. No entanto, algumas almas mais generosas[591] acharam por bem outorgar a Christophe, ainda que bárbaro por nascimento (pois eles ainda usam estas palavras, como se a face da Terra não estivesse toda mudada), o título de cidadão romano, pela admirável elegância de sua linguagem. Isso se fazia outrora e era um favor não menos útil que honorífico. Hoje em dia, porém, que significa ser cidadão romano? Sem dúvida, consideravelmente menos que ser cidadão de Basileia,[592] se, desdenhada a fumaça das palavras, estivermos dispostos a valorizar a realidade. E, por causa dessa honraria, a inveja de seu competidor e seus partidários voltou-se contra o "bárbaro" Longueil.

Finalmente, esses ociosos propuseram como divertimento que Longueil defendesse sua causa no Capitólio[593] (chamam assim, com efeito, a uma espécie de salão não muito luxuoso, no qual meninos costumam representar comédias, a fim de exercitar seus talentos). Um jovenzinho audaz foi subornado para recitar um discurso de acusação preparado por outro,[594]

---

591 Bembo, Sadoleto e Castellano.

592 Cidade em que Erasmo estava morando desde 1521. Em 1529, mudou-se para Freiburg.

593 Depois de séculos de saques, destruição e abandono, e tendo sido sucessivamente fortificado, desmanchado, arruinado e reconstruído, o Capitólio era, na época do "julgamento" de Longueil, uma construção de quatro torres, usadas pela administração civil de Roma. A reconstrução do Capitólio a partir do projeto de Michelangelo teve início apenas em 1538.

594 Por Celso Mellini. O discurso foi pronunciado perante o Papa Leão X, que gostava do debate literário e que favorecia os ciceronianos e um

que ele havia memorizado. Os pontos capitais da acusação eram os seguintes: primeiro, que certa vez, anos atrás, como um ainda jovenzinho, Christophe de Longueil, para pôr à prova seu talento, estava pronunciando um elogio à Gália,⁵⁹⁵ onde vivia então, e atreveu-se a igualá-la à Itália em alguns aspectos; segundo, que com três palavras havia naquele discurso elogiado Erasmo e Budè, um bárbaro a outros bárbaros; terceiro, que se dizia que ele havia sido subornado por aqueles e enviado à Itália, para que levasse alguns dos melhores livros para os bárbaros, com a finalidade de que estes pudessem rivalizar com os italianos pela primazia da cultura; e, enfim, que um homem bárbaro e de família obscura não parecia digno da honra de um título tão grande quanto o de ser chamado cidadão romano. Aí tens um excelente argumento em que aplicar as energias da eloquência tuliana! Mas Longueil tratou este assunto claramente risível de forma mais do que séria, com um mirífico aparato de palavras, com grande exibição de talento, com suma veemência e às vezes com muita elegância, aludindo à época de Cícero do mesmo modo que aquele que escreveu *Batracomiomaquia*⁵⁹⁶ aludiu à *Ilíada* de Homero, acomodando as palavras e feitos esplêndidos dos deuses, das deusas e dos heróis aos sapos e aos ratos e aos temas ridículos

---

  grande público, formado por cidadãos distintos de Roma. A Biblioteca do Vaticano abriga o manuscrito do discurso.
595 O Panegírico sobre São Luís de França, pronunciado em Poitiers em 1508 ou 1509. Longueil tinha então cerca de dezoito anos e estudava direito na França. Seus inimigos fizeram reproduzir e circular o discurso em Roma.
596 A Batalha dos Sapos e dos Ratos, uma paródia do estilo de Homero, escrita provavelmente no século III a.C.

e frívolos. Assim, Longueil exagera os perigos de sua vida, as tropas armadas e a força dos gladiadores, por cuja violência se havia impedido a autoridade da ordem mais ilustre e a liberdade de agir segundo as leis. Ele imagina aquela bela Roma antiga, rainha do mundo, e seu chefe e protetor, Rômulo, com seus quirites; sonha com os pais conscriptos e com a augustíssima ordem dos senhores dos reinos, com o povo dividido em suas classes e suas tribos,[597] com o direito dos pretores[598] e a intercessão dos tribunos;[599] sonha com as províncias, colônias, municípios e aliados da cidade de sete colinas; recita-se um decreto do senado, citam-se as leis; estranha-me que não se lembrasse das nove clepsidras que, creio, costumavam ser concedidas ao réu.[600] Excita então as *pathé*,[601] apela àqueles antigos heróis da cidade de Roma e os faz sair de seus monumentos; e o que não foi dito? A coisa toda é muito engraçada!

Confesso que esta brincadeira poderia realmente parecer não desprovida de gosto, se a juventude se exercitasse desta maneira nas escolas de declamação, embora Quintiliano[602] não em vão prescreva que o simulacro da declamação se aproxime o

---

597 O cidadão de Roma votava segundo sua classe (riqueza) e tribo (domicílio).
598 A segunda mais alta magistratura, que controlava a administração da justiça.
599 Os tribunos eram representantes do povo, e uma de suas prerrogativas era o direito de vetar moções. Esse direito ao veto era chamado intercessio.
600 A clepsidra era um mecanismo para marcar o tempo pela medição do fluxo de água. Nove medidas era o tempo concedido ao réu para sua defesa.
601 Em grego no original: paixões.
602 2.10.2 ss; 10.5.14.

máximo possível das ações judiciais reais, sem dúvida porque alguns costumam tomar os temas declamatórios das fábulas dos poetas, que não são reais nem verossímeis. Pois os *progymnasmata*[603] produzem também fruto nada desprezível entre os adolescentes, quando, uma vez tomado um tema da História, as palavras e as ideias acomodam-se à situação daqueles tempos, muito embora estará mais bem instruído para ocupar-se das causas reais aquele que trata uma questão envolta nas circunstâncias do tempo presente; por exemplo: se alguém tratar sobre se convém ao Estado que os príncipes casem suas filhas ou irmãs com cidadãos de países muito remotos; se é útil para a vida cristã que os próceres eclesiásticos se encarreguem de poderes profanos; se é mais sensato que um jovem adquira o conhecimento das diferentes realidades estudando os autores ou viajando pelas regiões mais distantes e experimentando as coisas; se convém que um jovem destinado ou nascido para governar consuma muito tempo na literatura e nas artes liberais.

E mais: o argumento de que Longueil trata, já que nem foi tomado da *História*, para que ao menos pudesse adaptá-lo a seu tempo pela ficção, nem tampouco poderia convir realmente a seu tempo e a seus personagens, como ia ser possível que ele imitasse Cícero inteiro, o qual, tendo rechaçado os exércitos de Antônio e vencido o medo da morte, falou livremente perante o Senado e o povo romano?[604] Neste ponto, porém, o egrégio jovem conduziu o tema com tanto talento e habili-

---

603 Em grego no original: exercícios preparatórios ou preliminares.
604 Antônio e seus exércitos deixaram Roma depois da primeira Filípica; a segunda é modelar de sua invectiva.

dade que não conheço ninguém hoje em dia, mesmo entre os italianos (que isso seja dito com o consentimento de todos), que eu avalie que possa levar-lhe vantagem. Tão longe estou de pretender depreciar algum dos méritos de Longueil! Pois não posso senão aplaudir a tais talentos, mesmo se me quiserem mal. Estas palavras são ditas com a única finalidade de que eu vele pelos estudos dos jovens, para que não se atormentem com a supersticiosa aspiração à semelhança com Cícero até o extremo de que, com tal intenção, afastem-se de estudos mais úteis e mais necessários. Já tens os fatos, Nosópono; temos os discursos que podem provar minha culpa se estou mentindo em alguma coisa.

Agora gostaria que raciocinasses se vale a pena que fertilíssimos talentos inatos consumam tanto tempo e trabalho nestas *epideixeis*,[605] para não dizer que morrem em meio a tais ocupações. Que grandes benefícios Longueil teria aportado, quer à religião cristã, quer aos estudos ou à pátria, se tivesse empregado em assuntos sérios as vigílias que consagrou àqueles processos ridículos!

NOSÓPONO: Sem dúvida, lamento por Longueil e mal tenho o que responder...

BULÉFORO: Além disso, ele afirma que escreveu cinco discursos em louvor da cidade de Roma.[606] Que esforço belamente empregado! Quanto melhor o teria empregado, se, com alguns discursos bem elaborados, tivesse se empenhado

---

605 Em grego no original: exibições.
606 Pronunciados perante Gian Matteo Giberti em agosto de 1518. Não foram publicados, mas seus manuscritos estão guardados na Biblioteca do Vaticano.

em inflamar aquela cidade, e principalmente os homens que professam as belas letras, para o culto de Cristo e para o amor da piedade! Entendes, Nosópono, o que digo, ou, antes, o que não digo? E a quem, afinal, dedicou tais vigílias? Ao Senado? O Senado, se há algum em Roma, não sabe latim. Ao povo? O povo fala uma língua bárbara e está muito longe de se deixar cativar pelo estilo tuliano.[607] Mas basta destes *epideiktika*![608] Contra Martinho Lutero defende uma causa séria e de peso.[609] Mas como poderia ser tuliano ali, discutindo sobre assuntos que Marco Túlio desconhecia por completo? Não pode ser tuliano, isto é, excelente um discurso que não se adapta nem à época nem às pessoas. O que sem dúvida sabe bem é insultar à maneira de Túlio! Mas quando, no fim, chega a hora de examinar os erros capitais, então mostra-se obscuro e mal pode ser entendido por aqueles que sustentam os dogmas de Lutero. Mas era aqui que o tema exigia uma perfeita clareza no discurso, se tivesse querido ser ciceroniano. Já da própria proposição das ideias não teria sido difícil conjecturar como haveria de ser ao refutar os dogmas do adversário e confirmar os seus. Evita cuidadosamente, é verdade, as palavras próprias de nossa religião, não usando nunca o vocábulo "fé", mas substituindo-o por "persuasão", e muitos outros de que já falamos antes; não obstante, usa uma ou duas vezes o nome de "cristão", mas creio que por distração, uma vez que nunca se

---

607 Em *De vulgare eloquentia* 1.11.2, Dante disse que a fala de Roma era o pior dos dialetos italianos.
608 Em grego no original: demonstrações.
609 A pedido de Leão X, Longueil havia se proposto a escrever cinco discursos contra os luteranos. Sua morte precoce permitiu o aparecimento de apenas um, que foi publicado em 1524 por Reginald Pole.

encontra essa palavra nos livros de Marco Túlio. No entanto, também aí falou com muito êxito e não pecou em nada, salvo em empenhar-se ansiosamente demais em ser ciceroniano, pois preferiu adaptar seu discurso a Cícero mais do que à causa.

NOSÓPONO: No entanto, é impressionante o quanto certos italianos o aplaudem agora por estes escritos.

BULÉFORO: A verdade é que "louvam aqueles escritos, mas leem estes outros".[610] Quantas pessoas desgastam com o manuseio as bagatelas de um orador batavo[611] chamadas *Colóquios*,[612] mais do que os escritos de Longueil, por mais elaborados, por mais polidos, por mais tulianos e, para dizê-lo em grego, *kekrotehmena*[613] que sejam! Qual é a razão? Qual seria, a não ser que, nos *Colóquios*, o próprio tema seduz e entretém o leitor, qualquer que seja a linguagem empregada? Mas nos escritos de Longueil, uma vez que são teatrais e carecem de vida, o leitor dorme e ronca. A utilidade recomenda também uma eloquência moderada. Os escritos que só trazem prazer não podem agradar por muito tempo, sobretudo àqueles que aprendem as letras não só para falar de forma mais polida, mas também para viver mais retamente. Em suma, aqueles que inflamaram[614] aquele jovem a ambicionar esta glória não lhe prestaram um bom serviço, nem a ele mesmo nem à literatura. Mas talvez já tenhamos falado demais sobre Longueil.

---

610 *Marcial* 4.49.10.
611 Orator Batavus, como Longueil se referia a Erasmo.
612 *Colloquia*, escritos de Erasmo condenados pela Sorbonne em 1526.
613 Em grego no original: aplaudidos; harmoniosos.
614 Principalmente Bembo, mas também Sadoleto.

NOSÓPONO: Deixaste de lado Jacopo Sadoleto[615] e Pietro Bembo,[616] creio que intencionalmente.

BULÉFORO: Não quis misturar intencionalmente à turba estes homens exímios e raros exemplos de nossos tempos. De Pietro Bembo não há nada publicado,[617] que eu saiba, além de algumas epístolas, nas quais reverencio não apenas certo estilo oratório claro, natural e, por assim dizer, ático, mas também sua probidade e humanidade e o singular brilho de seu talento, que reluz como em um espelho; e julgo que Longueil foi mais afortunado e mais respeitado não por outro motivo senão pela amizade que teve com tais homens. Jacopo Sadoleto, porém, quase igual a Bembo em todo o restante,[618] não aspira, no elegantíssimo *Comentário ao Salmo L* que publicou, ser considerado ciceroniano ao ponto de não conservar o decoro de sua pessoa (pois foi bispo de Carpentras) e de não se colocar a serviço da matéria, não evitando nem sequer em suas epístolas alguns vocábulos eclesiásticos. E então? Não falou à maneira tuliana? Não, não falou; antes falou melhor, uma vez que falou do mesmo modo como Cícero provavelmente haveria de falar, se estivesse vivo, sobre estes mesmos temas, isto é, de modo cristão sobre temas cristãos. Posso tolerar ciceronianos deste tipo, os

---

615 1477-1547, secretário papal e membro da Academia Romana. Eleito cardeal em 1536.
616 1470-1547, também secretário papal e membro da Academia Romana. Igualmente eleito cardeal, em 1539. Capitaneou uma das batalhas do ciceronianismo.
617 As cartas que Bembo escreveu a Longueil foram publicadas em 1524.
618 Também suas cartas a Longueil apareceram em 1524. Em 1525, publicou um comentário sobre o Salmo 50.

quais, dotados de sumo talento, perfeitos em todas as disciplinas e singulares por seu juízo e prudência, quer tenham se proposto somente Túlio como modelo discursivo, quer uns poucos autores exímios ou a todos os doutos, não podem senão falar perfeitamente.

NOSÓPONO: Os eruditos com seus sufrágios apreciaram muito a Battista Caselli.[619]

BULÉFORO: O discurso *Sobre a lei agrária*,[620] que publicou pouco antes de sua morte, demonstra que buscou com grande afinco os traços do estilo tuliano e quase conseguiu o que queria: tem muitíssimo brilho, palavras nítidas e uma composição suave. No mais, é tremendamente grande o que deixa a desejar, se o comparares a Cícero.

NOSÓPONO: Certamente, todos louvam Pontano[621] unanimemente, ao qual as centúrias dos eruditos concedem a palma do estilo ciceroniano.

BULÉFORO: Não sou tão obtuso nem tão invejoso que não reconheça que Pontano foi um homem extraordinário, pelos muitos dotes egrégios de seu talento. E também a mim me cativa com certa cadência plácida de seu discurso; com o encantador tinido de suas palavras, que ressoam algo doce, acaricia meus ouvidos e, enfim, a dignidade e a majestade de seu discurso impressionam-me por seu esplendor.

---

619 Baptista Casalius, orador e admirador de Longueil, de cuja *Defensio* participou da edição em 1519.
620 *De lege agraria*, endereçado a Clemente VII em 1524.
621 Giovanni Pontano (1426-1503), escreveu história, filosofia política e poesia. Erasmo o considerava um "símio ciceroniano" (*Ep* 531).

NOSÓPONO: Então, o que impede que seja declarado ciceroniano?

BULÉFORO: Em meu julgamento, nada poderá ser acrescentado ou tirado de sua glória. Degustei alguns de seus escritos. Trata de matérias profanas e, por assim dizer, lugares comuns: sobre a coragem,[622] sobre a obediência,[623] sobre a glória,[624] temas que, tratados, brilham muito facilmente e facilmente fornecem por si mesmos copiosidade de aforismos; e os trata de tal modo que dificilmente poderás reconhecer se era ou não cristão. Da forma similar, afia sua pena no livrinho *Sobre o príncipe*.[625] À parte isso, não me lembro de ter lido dele nada mais do que alguns diálogos[626] imitados de Luciano. Mas eu não reconhecerei como tuliano exceto aquele que tratar dos nossos assuntos com a fecundidade ciceroniana. Teria obtido maior glória em seus epigramas se tivesse evitado a obscenidade, da qual tampouco se resguardava em seus *Diálogos*. Nos *Meteoros* e na *Urânia*[627] buscou uma matéria que resplandece com facilidade e sem dúvida tratou com êxito um tema fecundo, para o qual não reclamo um estilo cristão. Em seus demais escritos às vezes sinto falta do decoro e do apropriado, e dos aguilhões[628] que Marco Túlio deixa em nosso ânimo, mesmo

---

622 *De fortitudine*, de 1490.
623 *De oboedientia*, de 1490.
624 *De splendore*, de 1498.
625 *De principe*, de 1490.
626 São eles: Charon e Antonius, ambos de 1491; e Asinus, Actius e Aegidius, de 1507.
627 Poemas sobre temas astrológicos e metereológicos, compostos entre 1470-1480.
628 Em *De oratore* 3.138, Cícero diz algo semelhante acerca de Péricles.

tendo terminado o livro. Em verdade, segundo a lei que tu havias prescrito, não será ciceroniano aquele em cujos escritos eu poderia mostrar seiscentas palavras que jamais aparecem em Cícero. Por último, vês quão pouco frequentemente se tem Pontano nas mãos, um homem que indiscutivelmente deve ser contado entre os mais importantes das letras.

NOSÓPONO: O sucessor de Pontano foi Accio Sincero,[629] que descreveu o parto da Virgem Mãe[630] em um poema admiravelmente feliz, aplaudido sobremaneira pelo público de Roma.

BULÉFORO: Atestam-no bem os *Breves*,[631] pois hoje em dia os chamam assim, de Leão e de Clemente,[632] e ademais o prefácio que lhe acrescentou o cardeal Egídio,[633] para não recordar a outros; e não sem motivo agradou tanto. Eu certamente li suas duas obras com grande prazer. Pois também escreveu umas *Éclogas Piscatórias*.[634] Quem não reverenciaria tal inclinação em um jovem patrício? E há de ser preferido a Pontano, porque não se envergonhou de tratar um tema sagrado, e porque não o tratou de forma aborrecida ou desagradável; mas, em minha opinião, teria obtido maior glória se houvesse tratado a matéria sagrada de uma forma um pouco mais sagrada.

---

629 Actius Sincerus, pseudônimo de Jacopo Sannazaro (1456-1530), conhecido como "Virgílio cristão".
630 *De partu virginis libri iii* (1526).
631 Breves eram cartas particulares redigidas pelo secretário papal e enviadas em nome do Papa.
632 Ambos escreveram breves acerca do poema de Sannazaro; a de Leão foi escrita por Bembo; a de Clemente, por Sadoleto.
633 Egidio Antonini (1469-1532), cardeal desde 1517. Famoso como orador, fez o discurso de abertura do Concílio de Latrão, em 1512.
634 *Eclogae piscatoriae* (1520), poemas pastorais emulados de Virgílio.

É verdade que, nesta mesma matéria, Battista Mantuano[635] cometeu erros mais leves, mesmo sendo em outras ocasiões mais rico em argumentos deste tipo. Agora, para que invocar aqui tantas vezes as Musas e Febo? E para que imaginar a Virgem atenta sobretudo aos oráculos sibilinos,[636] para que introduzir despropositadamente Proteu[637] vaticinando sobre Cristo, para que encher tudo de ninfas, hamadríades e nereidas?[638] Quão duro soa aos ouvidos cristãos aquele verso que, se não me engano, refere-se à Virgem Mãe: *Tuque adeo spes fida hominum, spes fida deorum*, "e tu, verdadeira esperança dos homens, verdadeira esperança dos deuses"![639] Sei que *deorum*, "dos deuses", foi colocado no lugar de *diuorum*, "dos santos", por causa da métrica. Na verdade, ofende-me ligeiramente o fato de que, entre tantas virtudes, as frequentes elisões deixem a composição cheia de hiatos. Em suma: se apresentares este poema como amostra de um jovem praticante de poesia, cobri-lo-ei de beijos; mas se o apresentares como um poema escrito por um homem sério que visa à piedade, de longe preferirei o único hino de Prudêncio sobre o nascimento de Cristo[640] aos três livros de Accio Sincero: tão longe está este

---

635 Baptista Mantuanus, ou Battista Spagnoli de Mantua (1448-1516), frei carmelita e poeta que publicou três volumes em Bade em 1513.
636 Profecias atribuídas a profetisas pagãs, que, segundo este autor, teriam antevisto o nascimento de Cristo.
637 O Velho do Mar que podia profetizar, mas que não podia ser contido, porque assumia diversas formas.
638 Três formas de seres semidivinos femininos; representam belas virgens, frequentemente desnudas.
639 *De partu virginis* I.19.
640 *Cathemerinon* 11 *Hymnus natalis domini*.

poema de ser suficiente para abater com a funda o Golias[641] que ameaça a Igreja e para aplacar com a cítara a fúria de Saul, méritos que seus prefácios lhes atribuem. E não sei o que é mais censurável: se um cristão tratar questões profanas de forma profana, dissimulando que é cristão, ou tratar matérias cristãs de forma pagã. É claro que os mistérios de Cristo não devem ser tratados somente com erudição, mas também com religiosidade. E não basta que efêmeros deleitezinhos seduzam o espírito do leitor, mas é preciso excitar afetos dignos de Deus. Coisa que não pode acontecer, se não tens pleno conhecimento do tema do qual te ocupas; pois, se estás frio, não inflamarás ninguém; nem tampouco acenderás no leitor o amor pelas coisas celestes se tens ligeira ou nenhuma preocupação por tais temas. Se estes ornamentos estilísticos e estas carícias das figuras de linguagem, com os quais seduzimos o leitor rabugento e, uma vez seduzido, o entretemos, oferecem-se espontaneamente e não te custam muito esforço, não creio que devam ser rejeitados, contanto que as coisas principais venham primeiro.

Como, pois, pode ocorrer que uma matéria pia nos pareça podre por ter sido tratada de forma pia? Mas como pode ser tratada de forma pia, se nunca afastas os olhos dos Virgílios, dos Horácios e dos Nasões? A menos que talvez aproves o empenho de alguns autores que, tendo tomado de todos os lados fragmentos de versos homéricos e virgilianos e, tendo-os costurado em centões, descreveram a vida de Cristo. É, certamente, um gênero trabalhoso de escrita, mas a quem estas obras não arrancaram jamais uma lagrimazinha? Quem

---

641 Termos com que Bembo elogiou o poema.

não moveram à piedade? Quem não afastaram de uma vida impura?

Mas não é assim tão diferente o esforço daqueles que revestem os temas cristãos com as palavras, sentenças, figuras e ritmos tirados de Cícero. Pois que aporta de louvável aquela rapsódia? Evidentemente, ter se voltado para Homero ou Virgílio. E que fruto produz este ciceroniano? Aquele que é versado nos escritos de Marco Túlio é prontamente aplaudido, mas somente por aqueles que, versados eles também nesses mesmos textos, reconhecem de onde cada trecho foi extraído. Esta prática de fato tem certo prazer, admito-o, mas não só é acessível a poucos como também é de tal natureza que facilmente resulta em saciedade; ao fim e ao cabo, não é outra coisa senão prazer. No mais, falta inteiramente aquilo sem o que Fábio nega que possa haver uma eloquência admirável,[642] que reside em excitar as paixões. E, no entanto, às vezes nos parece que somos Marões e Cíceros. Dize-me, Nosópono, se alguém desfaz um belo mosaico com uma elegante representação do rapto de Ganimedes e com estas mesmas pastilhas, mas formando um conjunto diferente, se esforça em representar a Gabriel levando a mensagem celeste à Virgem de Nazaré, acaso não nascerá uma obra insensível e insatisfatória daquelas pastilhas certamente excelentes, mas pouco convenientes para o tema?

NOSÓPONO: Os poetas têm a desculpa da licença que os antigos lhes concedem.

BULÉFORO: Ouvirás então aqueles versos de Horácio:

---

[642] Quintiliano, *Institutio Oratoria* 6.2.1-17.

Que não permita que a mansidão se mescle com a ferocidade, nem que as serpentes se emparelhem com as aves ou os cordeiros com os tigres.[643]

Creio que as Musas, Apolo e os demais deuses poéticos condizem menos com os mistérios da piedade cristã que as serpentes com as aves ou os tigres com os cordeiros, sobretudo quando o tema é sério. No mais, se um escritor, incidentalmente, por brincadeira, misturar algo das fábulas dos antigos, julgo que isso deva ser tolerado, mais do que aprovado. Pois convinha que todo o estilo dos cristãos saiba a Cristo, sem o qual não há nada de suave, nem de esplêndido, nem de útil, nem de honesto, nem de elegante, nem de eloquente, nem de erudito. Permitir-se-á tal coisa aos meninos, como ensaio preliminar aos assuntos sérios. Mas em matérias reais, sérias e, o que é mais importante, piedosas, quem tolerará estes *progymnasmata* pagãos?

NOSÓPONO: Qual é, pois, teu conselho? Jogar Cícero fora?

BULÉFORO: Ao contrário! Que o jovem que aspira à eloquência o tenha sempre no coração. Mas devem ser rechaçados por completo o rigor e o pedantismo de alguns que costumam rejeitar um escrito, por mais douto e elegante que seja, e julgá-lo indigno de ser lido pelo simples fato de que não foi elaborado à imitação de Cícero. Pois, em primeiro lugar, o estilo tuliano não vai bem para todos os talentos, a ponto de que tal afetação poderia acabar mal; em segundo lugar, se te faltam as forças naturais para que alcances uma facilidade oratória inimitável, que há de mais tolo do que te atormentares com aquilo que

---

643 *Arte poética* 12-13.

não podes conseguir? Ademais, o estilo tuliano não convém a qualquer matéria nem a todas as pessoas, e, ainda que conviesse, mais vale a pena negligenciar certos aspectos que pagar caro demais por eles. Se a facúndia tivesse custado a Marco Túlio tanto quanto a nós, ou muito me engano ou ele teria desdenhado em parte dos ornamentos estilísticos. Realmente, paga-se caro demais por aquilo que se compra com tanto dispêndio de tempo, de saúde e até da vida. Demasiado caro se paga por aquilo por cuja causa negligenciamos as disciplinas mais necessárias ao conhecimento. Enfim, demasiado caro se paga pelo que se compra à custa da piedade. Se, ademais, aprende-se a eloquência para que deleitemos os ociosos, para que tantas vigílias para decorar uma peça teatral? Mas, se for para que persuadamos acerca daquilo que é honesto, o ateniense Focião falou com mais eficácia que Demóstenes; Catão de Útica persuadiu mais vezes que Marco Túlio.

Agora, se a eloquência é estudada precisamente para que nossos livros se desgastem ao serem manuseados pelos homens, e se a semelhança com o estilo de Cícero fosse alcançada sem esforço, dever-se-ia, não obstante, buscar com a arte a variedade que remediasse o estômago nauseado do leitor. A variedade tem tanta força nas coisas humanas que não convém usar sempre nem sequer as melhores coisas. Nunca deixa de ser verdade o que prega o conhecido ditado grego: *metaboleh pantohn gluku*.[644] E não por outro motivo Homero e Horácio são mais recomendados, mas porque, com a admirável variedade de seus temas e figuras, não permitem que o tédio surja durante

---

644 Em grego no original: a variedade é o tempero da vida, ou doce é a mudança em tudo.

a leitura. Em certo sentido, a natureza nos forjou para a variedade, atribuindo a cada qual seu próprio talento, de forma que a duras penas encontrarás duas pessoas com as mesmas capacidades ou gostos. E, como não somente não há nada mais delicado ou mais fastidioso que o estômago humano, como também temos, para adquirir erudição, de devorar uma grande quantidade de volumes, quem poderia perseverar em uma leitura contínua se o estilo de todos os autores fosse o mesmo, e a dicção, semelhante? Tanto nos banquetes quanto nos escritos, pois, é preferível que haja coisas piores a que todas sejam semelhantes. Que tipo de anfitrião seria aquele que, recebendo muitos comensais, dos quais apenas dois coincidissem no paladar, oferecesse a todos alimentos condimentados da mesma forma, mesmo se lhes oferecesse as delícias de Apício?[645] Agora, enquanto cada um é cativado por um estilo diferente de discurso, acontece que não há nada que não se leia. Para não me repetir: a própria natureza também rejeita esta afetação, pois quis que o estilo fosse o espelho da alma. Assim, uma vez que a diferença entre os talentos é tão grande quanto dificilmente o é a das formas ou das palavras, mentiroso será o espelho se não refletir a imagem genuína do espírito; ou seja, o que deleita os leitores em primeiro lugar é conhecer os afetos, o temperamento, a sensibilidade e o talento do escritor a partir do discurso, nada menos do que se tivesse tido trato com ele por muitos anos. Daí surgem interesses tão diferentes perante os escritores de livros diferentes, conforme um se compatibilize com um gênio semelhante ao

---

645 Famoso gourmet do século I d.C. Um livro de receitas com seu nome teve sua *editio princeps* em 1498.

seu ou se afaste de um diferente; não de outra forma que, com respeito às formas dos corpos, uma aparência agrada a um e outra desgosta a outro.

Contarei o que me aconteceu. Quando jovem, eu amava todos os poetas. Mas quando me familiarizei especialmente com Horácio, todos os demais, admiráveis *de per si*, começaram a me cheirar mal, em comparação com ele. Qual crês que foi o motivo, senão uma certa secreta afinidade de gênios, que se percebe naquelas letras mudas? Esta genuína e inata afinidade não se respira no discurso daqueles que não imitam nada além de Cícero. Que dizer do fato de que homens honestos, ainda que pouco agraciados pela beleza ao nascer, não queiram mentir sua aparência sob a máscara de alguém muito belo e nem sequer consintam em ser pintados de forma diferente da que a natureza lhes deu, porque seria vergonhoso impor a alguém uma cara falsa e seria coisa ridícula um espelho mentiroso ou uma imagem aduladora? Mas mentira mais vergonhosa seria se eu, que sou Buléforo, quisesse passar por Nosópono ou por qualquer outro. Acaso, pois, não se riem os eruditos, e com razão, de certos ímprobos que rejeitam e, por assim dizer, retiram das bibliotecas homens de resto doutos e eloquentes e dignos de renome imortal, pelo mero fato de que preferiram escrever com a própria pena a imitar Cícero, mesmo sendo uma espécie de impostura não se expressar a si mesmo, mas representar à vista dos homens a prestidigitação de uma beleza alheia? E não sei bem, caso Deus permitisse que fosse assim, se encontraríamos muitos que quisessem trocar a aparência inteira de seu corpo por outra; julgo que seriam muito menos numerosos os que permutariam sua mente e seu talento pelo talento de outro. Primeiramente, porque ninguém quererá ser diferente do que é; e, em segundo lugar, porque cada qual se viu modelado para seus próprios dotes pela providência da natureza, de modo que, mesmo se nele houver vícios, estes serão compensados pelas virtudes que os acompanham. A alma tem uma espécie de rosto próprio que reluz no discurso, como que em um espelho, e refazê-lo em sentido oposto a seu aspecto inato seria o que, senão vir a público mascarado?

NOSÓPONO: Olha, para que, como se costuma dizer, teu discurso não ultrapasse seus limites,[646] pois me parece que chegou ao ponto de condenar toda imitação, embora a retórica conste de três elementos,[647] preceitos, imitação e prática, a não ser talvez que aqueles que imitam Marco Túlio assumam uma cara alheia e os demais tenham a sua própria!

BULÉFORO: Eu abraço a imitação, mas aquela que ajudar a natureza, não a que a violar; a que corrigir os dotes naturais, não a que os destruir; aprovo a imitação, mas a que, conforme o exemplo, está de acordo com o teu talento ou que, ao menos, não se opõe a ele, para que não pareça um *theomachein*[648] contra os gigantes. De novo, aprovo a imitação, mas não a dedicada a uma só prescrição, de cujos traços não se atreve a separar-se, mas aquela que, de todos os autores ou ao menos dos mais importantes, toma aquele que mais se destaca e o que mais se convém a teu próprio talento, colhendo, e não acrescentando imediatamente ao discurso, tudo de belo que se lhe apresente, mas fazendo-o passar a teu próprio coração, como se fosse ao estômago, para que, uma vez transfundido às veias, pareça

---

646 *Adagia* I X 93.
647 *Ad Herennium* 1.1.3.
648 Em grego no original: luta contra os deuses.

nascido de teu próprio talento, e não mendigado de outra parte. Inspirará assim o vigor e a índole de tua mente e de tua natureza, para que quem lê não reconheça o emblema tirado de Cícero, mas sim um feto nascido de teu cérebro, da mesma forma que, dizem, Palas saiu do cérebro de Júpiter, refletindo a imagem viva de seu pai, e teu discurso não pareça a ninguém um centão ou um mosaico, mas a imagem viva de teu peito ou um rio emanado da fonte de teu coração. Mas seja tua primeira e principal preocupação a de conhecer a matéria que te propões tratar. Ela te proverá copiosidade oratória, te proverá afetos verdadeiros e genuínos. Assim, enfim, dar-se-á que teu discurso viva, respire, aja, comova e arrebate, e reflita todo teu ser. Nem sempre é falso o que procede da imitação. Há certos cuidados que não assentam nada mal ao homem[649] e que valorizam sua beleza natural, tais como o banho, a moderação nas expressões do rosto e, antes de mais nada, a preocupação pela boa saúde. Já se quiseres compor teu rosto à semelhança de alguém que é muito diferente de ti, perderás tempo. De resto, se vires que a aparência de alguém não muito diferente de ti se enfeia com uma risada mais solta e com uma desmedida abertura da boca, ou por contrair o cenho, por enrugar a testa, por levantar o nariz, por retrair os lábios, por levantar demasiadamente os olhos ou por tornar seu rosto menos decente por quaisquer outras caretas similares, podes, ao evitar estes defeitos, melhorar tua aparência, sem assumires o rosto de outro, mas compondo o teu próprio. Da mesma forma, se vês que a alguém parecido convém pouco o cabelo despenteado ou mais comprido do que o justo, poderás corrigir o teu. Por

---

649 Cícero, *De officiis* 1.130.

sua vez, se te fixares em quanta graciosidade lhe acrescenta a outro a modesta jovialidade de sua fronte, o recato de seus olhos e a toda a sua fisionomia composta segundo a honestidade, de forma que não mostra nada de feroz ou de insolente, nada de leviano ou desordenado, não será uma impostura se conformares teu rosto à imitação do seu. Pois está em ti que também teu ânimo corresponda a teu rosto.[650] Mas, uma vez que a graciosidade das formas é variada, não julgues apressadamente como pior o que é dessemelhante daquilo cuja forma admiras. Pois, como dissemos, pode ser que pessoas muito dessemelhantes entre si sejam iguais. E nada impede que alguém muito diferente de Cícero possa superar àquele a quem imita mais de perto os traços de Cícero. Vai! Deponhamos por um momento nossos gostos pessoais; emitamos nossa sentença a partir de um julgamento racional, e não dos sentimentos. Se tua *Peithó* te desse a opção, em lugar de Nosópono preferirias ser Quintiliano ou o autor da *Retórica a Herênio*? Qual dos dois escolherias?

NOSÓPONO: É claro que preferiria ser Quintiliano.

BULÉFORO: E, no entanto, quanto o segundo é mais semelhante a Cícero! E quem preferirias ser, Salústio ou Quinto Cúrcio?

NOSÓPONO: Preferiria ser Salústio.

---

650 Cícero, *De oratore* 3.221, *Orator* 60 e Quintiliano, *Institutio Oratoria* 11.3.80-81. Cícero reitera que *imago animi uultus*, "o rosto é a imagem da mente".

BULÉFORO: Mas Quinto Cúrcio está mais próximo de Cícero. E quem preferirias ser, Leonardo Aretino ou Lorenzo Valla?

NOSÓPONO: Preferiria ser Valla.

BULÉFORO: Leonardo, porém, está mais próximo de Cícero. E quem preferirias ser, Hermolau Bárbaro ou Cristovão Landino?

NOSÓPONO: Bárbaro.

BULÉFORO: No entanto, o outro está mais próximo de Marco Túlio. E quem preferirias ser, Poliziano ou Paolo Cortesi?

NOSÓPONO: Poliziano.

BULÉFORO: Mas é o outro que pretende parecer ciceroniano. E quem preferirias ser: Tertuliano, excluída a heresia, ou Beda?

NOSÓPONO: Tertuliano.

BULÉFORO: No entanto, Beda tem um estilo mais ciceroniano. E quem preferirias ser, Jerônimo ou Lactâncio?

NOSÓPONO: Jerônimo.

BULÉFORO: Mas quão grande símio de Cícero é o outro! Vês, pois, como não necessariamente fala melhor aquele que chega mais perto de Cícero, nem pior quem mais difere dele. Enfim, da mesma forma que podem ser áticos[651] muitos que, no entanto, são muito diferentes entre si, assim também nada impede que possam ser chamados ciceronianos

---

651 Quintiliano, *Institutio Oratoria* 12.10.20.

muitos que são iguais por suas virtudes, mesmo não sendo parecidos entre si. Mas quem tolerará certos sabichões que rejeitam com estranha empáfia tudo o que não reflete os traços do estilo tuliano, não pondo na balança nada senão palavrinhas, figuras e ritmos? Inutilmente vai atrás do estilo tuliano aquele que a isso se dedica sem ter sido instruído pela leitura de muitos autores, pelo estudo de muitas disciplinas e pelo conhecimento de muitas matérias, para não repetir o que disse sobre o talento natural e a prudência. Suportarei, entretanto, esta inepta vanglória em um jovem, suportá-la-ei nos homens cultos que compensam este defeito com muitos dotes egrégios; mas quem suportará velhos que não cobiçam outra coisa senão ser ciceronianos, que excluem da lista de escritores homens mais eruditos e mais eloquentes do que eles, porque aqueles se atrevem aqui ou ali a abandonar os traços de Cícero, quando eles mesmos quase sempre não são ciceronianos, a ponto de se verem desprovidos do recurso à gramática?

Não mencionarei os nomes de alguns que talvez o desejem em suas orações, para assim tornarem-se conhecidos. Falarei de Bartholomeo Scala, a quem Hermolau e Poliziano pareceram pouco ciceronianos, mas ele próprio se acreditou tuliano, por mais que o dissimule. Mas eu preferiria os delírios de Poliziano às obras que Scala escreveu com mais sobriedade e suma elaboração. Paolo Cortesi não dissimula sua paixão por esta afetação, mas, Deus imortal, quanto mais se afasta sua epístola[652] do modelo de Cícero que a de Poliziano, à qual responde! Mas Cortesi me parece diferente de Cícero não

---

652 Sobre a correspondência entre Cortesi e Poliziano, ver o prefácio.

por outro motivo senão porque em quase todo o discurso se afasta de seu objetivo. Pois trata a questão como se Poliziano se afastasse da imitação de Cícero e também como se ele não quisesse que aquele que escreve se proponha nenhum autor como modelo a imitar, uma vez que censura aqueles que, sem estarem instruídos pela leitura dos bons autores, pela erudição, pela prática, esforçam-se apenas para reproduzir os traços de Cícero, razão pela qual os chama de monos de Cícero. Censura aqueles que mendigam de Cícero as palavras em caquinhos, que sempre seguem as pegadas alheias[653] sem engendrar nada de si mesmos, que não fazem senão imitar e imitam somente palavrinhas. Diz que não pode suportar a esses, que, sem serem de modo algum ciceronianos, ainda assim pavoneiam-se com o título de Cícero e não hesitam em se pronunciar acerca de homens excelentes. Por isso, aconselha ao amigo que, depois de haver esgotado, memorizado e digerido principalmente Cícero, mas não somente a ele, como também a muitos outros exímios escritores, então, enfim, se alguma vez se preparar para escrever algo, que então deponha sua enfadonha e angustiante preocupação de imitar somente a Cícero e não desviar jamais os olhos de seus traços, porque esta ansiedade fará que não alcances isto mesmo a que te propões. É isto dissuadir da imitação de Cícero? É isto ensinar que ninguém em absoluto pode ser imitado? Aquele que foi instruído e, por assim dizer, cevado com leitura variada, quando, na hora de escrever, vem-lhe à mente o melhor que leu de cada escritor, acaso não está imitando alguém, ainda que não seja servil nem assíduo, mas antes pondo em deliberação

---

653 Quintiliano, *Institutio Oratoria* 10.2.10; *Adagia* IV X 32.

seus próprios afetos e o tema sobre o que se dispõe a escrever? Mas Cortesi nega que goste dos monos de Cícero e diz: "quero que seja semelhante, meu querido Poliziano, mas não como um símio a um homem, mas como um filho a seu pai", dizendo a mesma coisa que Poliziano havia dito. Prosseguindo seu raciocínio com muitas palavras, acaba finalmente confessando, como se não se lembrasse de si mesmo, que prefere ser um mono de Cícero a ser filho de outros autores. Se o termo "outros" abarca Salústio, Lívio, Quintiliano e Sêneca, quem não preferirá ser semelhante a eles como um filho ao pai a ser semelhante a Marco Túlio como um símio é semelhante a um homem? Depois disso, acumula muitos argumentos contra aqueles que mergulham em muitas leituras e não digerem o que leem. O discurso deles se torna escabroso, desordenado e áspero. Mas que tem isto a ver com a epístola de Poliziano? Se pensa como ele, por que responde como se discordasse? Se discorda, deveria ter refutado aquilo que Poliziano aprova. Pois a principal característica ciceroniana está em examinar a questão em controvérsia, em que se concorda com o adversário, em que consiste o estado da causa, e não dizer nada fora da causa. Por isso, Cortesi elaborou uma epístola mais prolixa que ciceroniana, à qual, como se fosse alheia ao tema em questão, Poliziano não respondeu nada. No entanto, Poliziano, que era tido como não ciceroniano, quão melhor imitou a Cícero, mesmo sendo sua epístola mais breve, não somente pela agudeza de seus pensamentos, mas também por suas palavras adequadas, elegantes e significativas! Ainda que não se me escape que a seus méritos correspondeu uma péssima fama entre os eruditos italianos; o porquê disso, não o sei. Mas não digo tudo isto para ultrajar Cortesi, pois não é uma ofensa ser considerado inferior a um quase inimitável Poliziano, mas para mostrar aos jovens um exemplo de como é imitar Cícero verdadeiramente.

HIPÓLOGO: Estás dando tantas voltas e rodeios, Buléforo, que pouco falta para que de Hipólogo me transforme em Hipósono.[654] Por que não expões simplesmente o que pensas de Cícero e de sua imitação?

NOSÓPONO: Isso mesmo é o que também eu desejo vivamente, pois teu discurso quase me levou ao ponto de ter já decidido obedecer a teus conselhos.

BULÉFORO: Creio que já não falta nada, a não ser resumir em um compêndio os pontos que até agora foram expostos de forma esparsa.

NOSÓPONO: Que te parece Marco Túlio?

BULÉFORO: O melhor artífice do discurso e até um homem bom, por estar entre pagãos; e creio que, se tivesse aprendido a filosofia cristã, deveria ser incluído no número daqueles que agora, por causa de sua vida, transcorrida de forma inocente e piedosa, são venerados como santos. Admito que a arte e a prática tiveram nele muito vigor, mas uma parte muito maior de sua eloquência deveu-se à sua natureza, a qual ninguém pode se dar. Creio também que nenhum dos outros escritores latinos deva ser mais levado no peito[655] pelos meninos e adolescentes que se educam na glória da eloquência. Apenas quero, porém, que a leitura dos poetas latinos seja anterior,

---

654 "Alguém que se sente adoentado". E, ao mesmo tempo, híbrido com Nosópono.
655 *In sinu*, ao mesmo tempo "no bolso" e "no coração".

porque este tipo de Musa convém mais à tenra idade. E não quero que ninguém seja chamado a uma acurada imitação de Cícero sem que os preceitos da arte retórica tenham sido bem aprendidos antes. Depois, quero que um mestre da arte os ajude, como os pintores costumam mostrar a seus discípulos o que foi feito conforme a arte e o que contrariamente a ela em um quadro insigne. Por outro lado, quero que Marco Túlio seja o primeiro e o principal nome nessa parte dos estudos, mas não o único, e penso que não somente deve ser seguido, mas também imitado e mesmo emulado. Com efeito, aquele que o segue andando nas pegadas alheias é servil a algo prescrito. Mas já se disse que aquele que sempre põe o pé na pegada alheia não pode caminhar bem, nem pode nadar bem jamais aquele que não se atreve a soltar a tábua.[656] O imitador, por sua vez, não se esforça tanto em dizer palavras idênticas, mas semelhantes; e mais, às vezes nem semelhantes de fato, mas antes iguais. O emulador, em contrapartida, se esforça também para falar melhor, se puder.

Mas nunca houve artista tão perfeito que não possas encontrar em sua obra algo que não se possa melhorar. Pois não quereria que esta imitação fosse demasiado ansiosa e supersticiosa. Pois isso impede que realizemos o que queremos. Nem acho que Marco Túlio deva ser adorado a ponto de renegares todos os outros, mas que primeiro devem ser lidos os melhores e então, dentre os melhores, deve-se extrair o que cada um tem de melhor; pois tampouco há necessidade de imitares um inteiro. E não julgo que devam ser desprezados aqueles que sem dúvida não ajudam muito o estilo, mas que, no entanto, proporcionam

---

656 *Adagia* III vi 26. Frase usada também por Poliziano.

copiosidade de temas, como Aristóteles, Teofrasto[657] e Plínio. Ademais, não quereria que alguém fosse dependente da imitação de Cícero a ponto de abandonar seu próprio talento natural para conseguir, à custa de sua saúde e de sua vida, o que não poderia alcançar contra a vontade de Minerva[658] ou, em caso de alcançá-lo, custar-lhe-ia demasiadamente caro. Além disso, não quereria que só se fizesse isso; e não creio que se deva ambicionar a glória da eloquência ciceroniana a ponto de se negligenciarem as disciplinas liberais, uma vez que estas são especialmente necessárias. É preciso precaver-se, como da peste, daqueles que proclamam que é uma impiedade empregar um termo que não se encontre nos livros tulianos. Pois, depois que a regra da língua latina deixou de ser costume popular, é direito nosso usarmos, quando necessário, qualquer dos vocábulos que seja depreendido nos escritores idôneos, e se algum nos parecer mais duro e obsoleto por ter sido empregado por poucos, nós o traremos à luz e abrandá-lo-emos com um uso frequente e oportuno. Uma vez que os antigos tomaram reciprocamente as palavras dos gregos sempre que as latinas faltavam ou eram consideradas menos significativas, que atitude invejosa, enfim, seria a de abstermo-nos daquelas palavras que encontramos em bons autores, quando o assunto o requer? E com não menos empenho, parece-me, devem ser evitados também aqueles que costumam vociferar que é desprezível e totalmente indigno de ser lido tudo aquilo que no léxico, nas fórmulas e nos ritmos não tenha sido

---

657 O sucessor de Aristóteles. Escreveu obras de lógica e retórica, entre outras.
658 Repugnante Minerva: ver Cícero, *De officis* I.110: "inuita ut aiunt Minerua, id est adversante et repugnante natura".

forjado à imitação de Cícero, mesmo quando, com diferentes virtudes, na verdade são, se não similares, certamente iguais a Cícero. Afaste-se de nós esta fastidiosa meticulosidade e, antes, apliquemos seriamente à leitura dos autores o que Nasão,[659] de brincadeira, conta que lhe aconteceu com os amores das moças. Ele elogiava a moça alta porque lhe parecia uma heroína; a baixa lhe agradava pela comodidade; a própria virgindade elogiava a primeira idade, a experiência, a adulta; na iletrada, deleitava-o a simplicidade, na erudita, o talento; na branca, amava a graça de sua cor, na morena imaginava um não sei quê de graça latente. Se com essa mesma franqueza extrairmos de cada um dos escritores o que eles têm de elogiável, não desgostaremos de nenhum, mas de todos tiraremos algo que aperfeiçoe nosso discurso. No mais, deve-se, antes de mais nada, tomar providências para que a idade singela e inexperiente, enganada pelo prestígio do título ciceroniano, não se torne pagã, em vez de ciceroniana. Vemos, com efeito, que tais pestes, quando ainda não foram extintas de todo, preparam-se para brotar de novo: sob este disfarce as velhas heresias, sob outro o judaísmo, sob um outro o paganismo. Assim, muitos anos antes, haviam começado a originar-se entre os italianos as facções dos platônicos e dos peripatéticos. Afastem-se estes codinomes de dissidências; inculquemos antes os valores que nos estudos, na religião e na vida toda conciliarão e alimentarão a mútua benevolência.

Por isso, no que diz respeito aos assuntos sagrados, é preciso primeiro embeber-se de uma persuasão que seja verdadeiramente digna de um cristão. Se for assim, nada parecerá mais

---

[659] *Amores* 2.4.

ornado que a filosofia celeste, nada mais suave que o nome de Jesus Cristo, nada mais elegante que os termos com que os luminares da Igreja trataram dos mistérios. E não parecerá elegante o discurso daquele que não convém à pessoa e não está acomodado à realidade, parecendo mesmo monstruoso aquele que trata os assuntos da piedade com as palavras dos ímpios e que contamina a matéria cristã com as bagatelas pagãs. E, se alguma desculpa se concede aqui à juventude, que a idade adulta não tome para si idêntico direito. Aquele que, de tão ciceroniano, é pouco cristão, este nem é realmente ciceroniano, porque não fala convenientemente nem entende totalmente as coisas de que fala, tampouco sente de coração os assuntos sobre os quais se pronuncia. E, por último, não trata as questões da fé que professa com o mesmo ornamento com que Cícero tratou os argumentos de seu tempo. As disciplinas, a filosofia e a eloquência são aprendidas precisamente para que compreendamos a Cristo, para que celebremos a glória de Cristo. Este é o objetivo de toda erudição e eloquência. Devemos ser aconselhados também a imitarmos o que é principal em Cícero. E isso não está situado nas palavras ou na superfície do discurso, mas nos temas e nos pensamentos, na inteligência e no bom senso. Pois que importa se um filho se parece com o pai nos traços do rosto, quando é diferente dele no gênio e na moral? Por fim, se não nos tocar ser chamados ciceronianos pelos votos daqueles, deve ser suportado com moderação aquilo que nos é comum com tantos homens egrégios que antes mencionamos. É tolo perseguires o que não podes alcançar.[660] É frescura atormentar-se miseravelmente por aquilo que

---

660 Cícero, *De officiis* I.110.

tantos exímios escritores suportaram com ânimo sereno. É indecoroso afetar aquilo que não combina conosco. É inepto querer falar de modo diferente daquele que o assunto exige. É insano comprar com tantas vigílias o que dificilmente nos há de ser útil jamais. Com fármacos mais ou menos deste tipo aquele médico me livrou de minha doença; se não vos pesar tragar-vos tais medicamentos, espero que a ti, Nosópono, e a ti, Hipólogo, esta febre logo vos deixe.

HIPÓLOGO: Eu, em verdade, já há algum tempo sinto que minha doença está aliviada.

NOSÓPONO: Eu também estou quase curado, exceto que ainda sinto alguns resquícios do mal há tanto tempo conhecido.

BULÉFORO: Esses resquícios irão desaparecendo pouco a pouco e, se for necessário, recorremos de novo ao Dr. Logos.

SOBRE O LIVRO

Formato: 14 x 21 cm
Mancha: 23 x 44 paicas
Tipologia: Venetian 301 12,5/16
Papel: Pólen Soft 80 g/m² (miolo)
Cartão Supremo 250 g/m² (capa)
1ª edição: 2013

EQUIPE DE REALIZAÇÃO

Edição de texto
Giuliana Gramani (Preparação de original)
Elisa Andrade Buzzo (Revisão)

Capa
Vicente Pimenta

Editoração eletrônica
Sergio Gzeschnik (Diagramação)

Assistência editorial
Jennifer Rangel de França

SÉRIE CLÁSSICOS

Cartas escritas da montanha
Jean-Jacques Rousseau

Lógica para principiantes
Pedro Abelardo

Escritos pré-críticos
Immanuel Kant

História natural da religião
David Hume

O mundo como vontade e como representação
Arthur Schopenhauer

Investigações sobre o entendimento humano
David Hume

Metafísica do Belo
Arthur Schopenhauer

Verbetes políticos da Enciclopédia
Denis Diderot e Jean Le Rond D'Alembert

O progresso do conhecimento
Francis Bacon

Cinco memórias sobre a instrução pública
Condorcet

Tratado da natureza humana
David Hume

Ciência e fé
Galileu Galilei

Os elementos
Euclides

Obras filosóficas
George Berkeley

Começo conjectural da história humana
Immanuel Kant

Hinos homéricos
Júlio César Rocha, André Henrique Rosa
e Wilson A. Ribeiro Jr. (Orgs.)

A evolução criadora
Henri Bergson

A construção do mundo histórico nas ciências humanas
Wilhelm Dilthey

O desespero humano
Søren Kierkegaard

Poesia completa de
Yu Xuanji

A escola da infância
Comenius

Cartas de
Claudio Monteverdi

Os Analectos
Confúcio

Tratado da esfera
Johannes de Sacrobosco

Rubáiyát
Omar Khayyám

A arte de roubar
D. Dimas Camándula

Contra os retóricos
Sexto Empírico